北京文化中心建设课题研究丛书

文化北京

建造世界精品殿堂

——北京建设文化精品创作中心研究

主编　金元浦　秦昌桂

张朝霞　等著

北京市文化发展中心　编

新华出版社

编委会

前言

　　文化，是党和国家新一代领导集体推进国家治理体系和治理能力现代化的重要组成部分。从文化的发展和繁荣来看，如何从经济、政治、文化、社会和生态文明五位一体的宏观整体上进行文化改革的顶层设计，并从改革的系统性、整体性、协同性出发辩证施政，是新一代领导集体推进文化发展的重中之重。十八届三中全会、四中全会和五中全会的决定，强调全面深化改革的总目标是完善和发展中国特色社会主义制度，必须更加注重改革的系统性、整体性、协同性，加快发展社会主义市场经济、民主政治、先进文化、和谐社会、生态文明。这就为我们全面深化改革确定了大框架，大格局。文化的核心是思想，文化繁荣发展的根本目的是以文化人。要让北京丰富的先进文化资源活起来、动起来，走进群众的生活里，融入群众的思想中。

　　将北京建设成为具有中国特色的世界城市，成为具有全球影响力的国家文化中心，这是党中央对北京的准确定位，是对北京文化的顶层设计，是北京建设成为具有世界影响力的国家中心城市的总纲领和总蓝图，也是北京全面建设国家文化中心的动员令与集结号。这是北京的历史所由，这是北京的希望所在，这是北京的人民之愿，这是北京的未来寄托。

　　到2020年，北京要在更高水平上建成全国文化精品创作中心、文化创意培育中心、文化人才集聚教育中心、文化要素配置中心、文化信息传播中心、文化交流展示中心。在十八大精神指引下，进一步发挥好首都文

建造世界精品殿堂

化中心的表率引领作用、辐射带动作用、提升驱动作用、桥梁纽带作用、荟萃集聚作用,全力实现首都思想道德水平显著提升、文化事业全面繁荣、文化体制活力迸发、文化创意产业发达、城市文化魅力彰显、文化名家精品荟萃、文化科技深度融合、文化国际影响力显著增强等八大目标。

习近平同志极为关心北京的发展,多次来到北京视察。他在北京视察时指出,建设好首都,推动北京持续健康发展,需要付出长期艰苦的努力。北京地位高、体量大、实力强、变化快、素质好,是其主要特点和优势,同时不断发展的北京又面临令人揪心的很多问题。把各方面优势发挥出来,把各种问题治理好,要处理好国家战略要求和自身发展的关系,在服务国家大局中提高发展水平。习近平就推进北京发展提出了新的要求。即首先明确城市战略定位,坚持和强化首都全国政治中心、文化中心、国际交往中心、科技创新中心的核心功能,深入实施人文北京、科技北京、绿色北京战略,努力把北京建设成为国际一流的和谐宜居之都,带动京津冀全面协调发展,这是对北京建设具有全球影响力的文化中心的最新要求和精准定位。

十八大以来,我国文化获得了进一步发展,十八届三中全会做出的《中共中央关于全面深化改革若干重大问题的决定》,是未来十年我国全面发展的进军号角与宏伟蓝图,对于推进文化的改革创新做了全面系统的阐述。《决定》紧紧围绕建设社会主义核心价值体系、社会主义文化强国,深化文化体制改革,加快完善文化管理体制和文化生产经营机制,建立健全现代公共文化服务体系、现代文化市场体系,推动社会主义文化大发展大繁荣,提出了一系列创新性的观点。这是党在新的时代条件下带领全国各族人民进行的新的探索,对于建设社会主义文化强国，具有重要的现实意义与长远的历史意义，吹响了文化体制机制创新的进军号，将对我国文化发展产生重大影响。

2015年10月闭幕的五中全会更加明确地提出，实现"十三五"时期发展目标，破解发展难题，厚植发展优势，必须牢固树立并切实贯彻创新、协调、绿色、开放、共享这五大发展理念。新的发展理念，为新时期的发展勾勒了清晰路径，擘画了推动发展全局深刻变革的全新蓝图。北京文化中心的建设必须遵循五大理念的引领和相互融合的协同发展。

在五大理念中创新居于国家发展全局的核心位置。我们必须在这一核心动力影响下，不断推进理论创新、制度创新、科技创新、文化创新等各方面创新，让创新贯穿北京四个中心的建设和发展，让创新在全社会蔚然成风。北京要按照中央的部署，把发展基点放在创新上，形成促进创新的体制架构，塑造更多依靠创新驱动、更多发挥先发优势的引领型发展。

文化创新必须培育发展新动力，优化劳动力、资本、土地、技术、管理等要素配置，激发创新创业活力，推动大众创业、万众创新，释放新需求，创造新供给，推动新技术、新产业、新业态蓬勃发展。

文化创新必须继续深化文化体制改革，实施重大文化工程，扶持优秀文化产品的创作生产、加强网络内容建设、构建中华优秀传统文化传承体系、倡导全面阅读、发展体育事业、做好2022年北京冬季奥运会筹办工作等。

文化创新必须不断完善公共文化服务体系、文化产业体系和文化市场体系，推动文化社会效益和经济效益协调健康发展。面对互联网时代给文化发展带来的新机遇和新挑战，实施"'互联网+'行动计划"，增强

互联网对文化提升发展的支撑能力，加快文化产业结构优化升级，发展骨干文化企业和创意文化产业；培育新型文化业态和新的文化经济增长点，扩大和引导文化消费；推动传统媒体和新兴媒体融合发展，加快媒体数字化建设；优化媒体结构，规范传播秩序；提升国际传播能力建设，创新对外传播、文化交流、文化贸易方式，推动中华文化走出去。

北京市市委书记郭金龙在刚刚闭幕的中共北京市委十一届八次全会上指出：

北京作为全国文化中心，文化发展具有风向标和引领作用，必须更加自觉地服务国家文化发展大局。要加快建设先进文化引领高地，在培育和践行社会主义核心价值观、提升城市文明水平、加强思想意识形态工作、促进物质文明和精神文明协调发展等各方面走在全国前列。要建设全国文化中心还必须推动全国文化中心与全国政治中心、国际交往中心、科技创新中心的有机融合，履行好新时期首都职责。

这是"十三五"时期北京建设全国文化中心的行动纲领。

在一系列中央精神指引下，在市委宣传部指导下，我们编写了这套丛书。分别从六个方面研究并论述了北京建设全国文化中心的现实状况、实现路径和未来方向：

北京作为全国文化中心城市，首先要建成中国乃至世界的文化精品创作与研发中心。要破除我国目前在文艺创作中出现的有高原无高峰的现状，通过净化文化精品育成的环境，完善创作机制，健全传播与接受机制建设，创作出具有时代特征并能得到人们普遍认可的既有"思想性""艺术性"，同时又具有"观赏性""消费性"的作品。伟大的时代需要与其相称的伟大艺术精品和引领伟大时代艺术的文化艺术大师。北京建设文化精品中心，就要充分挖掘和利用北京独一无二的深厚文化资源和人才资源，在传承优秀民族文化经典和吸收国外先进文化的基础上，排除干扰，聚精会神，目不旁骛，潜心打磨，必将产生一批有世界影响力的文化大家和文化经典，实现文艺创作和艺术教育从高原到高峰的飞跃。

北京建设文化创意培育中心，旨在通过文化创意培育有效提升北京的文化凝聚力、文化生产力和文化创造力，为北京的文化中心建设提供软实力支撑。作为全国文化创意培育中心，文化创意是城市可持续发展的"推进器"。创意北京建设的着力点，在于通过创新教育模式、创意权益的保护、城市空间的合理规划、创意氛围和社会环境的营造、城市创意指数的构建、优势行业的培育与发展等，把文化创意培育中心建设融入到北京城市转型发展和创新驱动战略之中，全面提升北京文化创意产业的质量和效益。

北京建设文化人才集聚教育中心，充分体现出人才对城市发展的重要性。在城市大竞争的时代，人才尤其是文化创意人才，作为城市发展最主要推动力的作用正日益展现出来。在某种意义说，全球高端城市的竞争从根本上说是人才的竞争。北京建设高水平的文化人才集聚教育中心，是要在当代文化、科技与经济高度融合发展的时代背景中，通过建立国际化的高端人才吸引机制、健全现代化的文化人才激励机制、打造系统化的文化人才管理机制、完善全方位的文化人才保障机制等一系列举措，为城市建设培育、吸引优质的复合型的文化创意人才，为提升城市发展水平和品质提供智力支撑。

北京建设文化信息传播中心，承载着服务首都、辐射全国的双重使命。从全球传播格局来看，北京声音在

建造世界精品殿堂

一定意义上代表着中国声音，大力发展北京文化信息传播，在国际传播格局中赢得一席之地，是新形势对北京的更高要求。加强文化信息传播中心建设，发展文化信息传播产业，既符合北京城市功能地位，又能与国家文化软实力建设中发挥全国示范作用的要求相适应。在"互联网＋"引领我国文化领域大发展的新时代，北京大力发展文化信息传播，应秉持"大传播"理念，强化互联网思维，努力探索在传统媒体与新媒体融合语境下如何提升主流媒体传播影响力与公信力的途径，加快推动传统媒体和新兴媒体深度融合的探索与实践，提升北京在全国乃至世界文化信息传播格局中的公信力、号召力。

北京建设文化要素配置中心，旨在厘清全国文化中心城市的核心文化要素，并对其进行合理配置。城市文化要素拥有多样化的分类和属性，从时间属性来说包括历史文化与现代文化两大类，从功能属性来说包括首都文化服务功能和地域特色文化功能，从性质属性来说包括公共文化和文化产业，从形态属性来说包括精神文化和物质文化，从产业属性来说包括生产文化和消费文化。可以说，历史文化、公共文化、文化产业、文化消费以及城市所展露出的文化精神，构成了北京作为文化要素配置中心的核心支撑。同时，如何合理配置这些复杂多样的要素，使其多样共生，相融相谐，是北京面临的重大考验。北京建设具有世界影响力的文化中心城市，就是要在各文化要素配置中充分发挥北京作为中心城市和首都城市的影响力、辐射力，从而在中华民族文化复兴的伟大新时代，创构世界文明的全新经典。

北京建设文化交流展示中心，就是要面对国际国内两个市场，两个空间，树立起文化中国、文化北京的国际形象和世界城市的新品牌。北京建设文化交流展示中心，得益于北京所具有的丰富的历史文化资源，使得北京城市本身具有去向世界各国展示中华文化的特有魅力，切实有效地提升中国文化的国际影响力。文化贸易与交流展示平台是交流展示中心建设的两大支撑。其中，文化贸易是交流展示中心建设的硬实力，它以文化与经济相结合的方式，有助于北京在世界文化格局中营造话语权；而交流展示平台则是发展的软实力，讲好中国故事，展示中国精神，发掘中华智慧，滋养世界文明。这一切，都必须在全球各个国家、各个民族、不同地域之间通过展示、对话、交流、沟通来解决，最终实现双赢、共赢的共同目标。

推进北京全国文化中心建设，以文化精品创作中心、文化创意培育中心、文化人才集聚教育中心、文化信息传播中心、文化要素配置中心、文化交流展示中心为着力点，深化文化体制机制改革与创新，充分挖掘历史文化资源，完善公共文化服务体系，加强文化产业的设计和决策，灵活处理文化市场和政府指导的关系，是提升北京作为全国乃至世界文化中心影响力的必由之路。同时，我们也应当看到，文化中心建设是一个内涵和外延都较为复杂的概念，涉及文化创作、文化创意、文化人才、信息传播、要素配置和文化交流等多个层面，而且伴随着文化与科技、经济等领域的融合趋势进一步增强，建设全国文化中心不仅仅单纯是文化本身的任务，更是一个涉及多个领域的系统性工程。作为六本书的总纲，我们又编写了《北京建设国家文化中心研究（总报告）》一书，以总领并介绍各分册的内容，更利于读者阅读。

习近平同志曾指出，文化的力量，或者我们称之为构成综合竞争力的文化软实力，总是"润物细无声"地融入经济力量、政治力量、社会力量之中，成为经济发

建造世界精品殿堂

展的"助推器"、政治文明的"导航灯"、社会和谐的"粘合剂"。而应对当前我国发展面临的一系列矛盾和挑战，关键则在于全面深化改革。必须从纷繁复杂的事物表象中把准改革脉搏，把握全面深化改革的内在规律，特别是要把握全面深化改革的重大关系，处理好解放思想和实事求是的关系、整体推进和重点突破的关系、顶层设计和摸着石头过河的关系、胆子要大和步子要稳的关系、改革发展稳定的关系。这从方法论上给了我们一把辩证法的钥匙。

欣逢伟大变革的新时代，承载着中华民族复兴的历史使命，我们信心百倍，激情满怀：我们的中国梦一定要实现，我们的中国梦一定能够实现。

目录

建造世界精品殿堂

文化北京

绪　论
精品创作的动员令与新路标
——学习习近平关于文艺创作的重要思想

如何建设具有世界影响力的国家文化中心城市，如何建设全国文化精品创作中心，如何创作出无愧于我们伟大时代的文艺精品，习近平在全国文艺座谈会上对此给出了深刻的理论阐述，提出了完整的战略规划。这是党中央，在新的历史条件下，在十八大精神的指引下，对我国文艺界发出的最新动员令，也是我国文艺界创作文化艺术精品的新路标。

世纪新潮下涌动的热流

从世界来看，新世纪以来，我国文艺发生了文化的转向。这种变化源于当代社会生活的转型。全球化背景随着进一步的开放日益进入我们生活的中心。电子媒质的兴起向纸媒质的一统天下发出强劲的挑战。不断创新的新媒介文化深刻地改变和影响着我们的生活。大众文化走向前台，城市文化快速传播与蔓延，时尚文化大批量复制，采用了浪潮式的运作方式。视像文化占据人们生活的主要空间，网络文化，特别是移动网正在逐步改变着我们的生存方式与交往方式。

随着社会生产力的迅速发展，人们的社会文化需要不断提高。在基本的物质层次满足的基础上人们更多地关注文化上的、精神上的、心理上的需要。因此对文化产品的需求极大增加，人们除了对书籍的需求之外，更需要音像、影视、网络艺术、手机与移动艺术等视觉文化产品，以及娱乐服务、旅游服务、信息与网络服务。

现实向我们提出了要求，文艺必须重新审视原有的文艺对象，越过传统的边界，关注视像文艺与视像文化，关注新的媒体文化，关注大众文艺与大众流行文化，关注网络文学与网络文化，关注性别文化与时尚文化、身体文化。而文艺与美学则必须扩大它的研究范围，重新考虑并确定它的研究对象，比如读图时代里的语言与视像的关系，全球化条件下网络文学与文化中的虚拟空间，媒介时代的文艺与传播，时尚时代文艺的浪潮化、复制化与泛审美化，全球化时代的大众流行文化、性别文化、少数族裔文化以及身体文化。

造成了审美转向的一个重要原因是当代世界的媒介革命。现代科技的发展引起了当代社会主导传媒形式的变化。这就是从纸媒质的印刷媒介向电子、数字媒质的网络媒介文化的巨大转变。媒介是一种生活方式，它影响、改变、形构着我们日常工作、交往、休憩、娱乐以至内在心理世界的活动方式，也改变了文学与艺术的存在方式。

媒介革命来源于当代高新技术的迅猛发展。从世界范围看，现代科技的发展，尤其是信息技术、传播技术、自动化技术等高科技已经全面地运用于各类文化艺术的创作与传播之中，并迅速地转化为生产力。这是当代文化艺术变革的一个不竭的动力源。

现代高新科技革命对人类当代文化的发展正在产生着以往所无可比拟的巨大影响。当代科技的发展引起当代社会主导传媒形式的变化，而主导传媒形式的变化则引起了原有艺术生态格局的全面变化，并直接导致文化创意产业的革命。高新技术的发展，不仅导致几乎所有传统艺术形态的升级换代和现代更新，而且创造了大量崭新的艺术形式。

如何在新的伟大时代，迎接现实提出的挑战，回应历史的必然要求，是北京建设全国文艺精品中心面临的重大课题。

创作生产优秀作品是文艺工作的中心环节

我们必须首先解决的是，在新的历史和现实环境下，什么才是我国文艺繁荣发展的根本?什么是北京建设全国文艺精品中心的首要任务？习近平指出，推动文艺繁荣发展，最根本的是要创作生产出无愧于我们这个伟大民族、伟大时代的优秀作品。这就是我国文艺繁荣的根本，也是北京建设全国文艺精品中心的首要任务。

文艺是塑造人类灵魂的伟大工程。"文艺事业是党和人民的重要事业，文艺战线是党和人民的重要战线"，其重要性在于：文艺工作者创作出来的文艺作品，是"传播当代中国价值观念、体现中华文化精神、反映中国人审美追求"的精髓所在。文艺作品是我们时代的"表情"，也是这个时代的"精神食粮"。

习近平把文艺看做是实现中国梦的重要力量。历史上，中华民族之所以有地位有影响，不是穷兵黩武，不是对外扩张，而是中华文化具有强大感召力。一个民族要经受苦难、铸造辉煌，文化的支撑力量不可或缺。近代以来，中国遭受了空前的民族危机，但无论如何艰难险阻，中国人民始终以百折不挠的精神面对灾难，奋力抗争，直指胜利。习近平认为，正是一代代中华儿女创造的中华文化为我们的民族提供了精神支撑。

因此，习近平同志谆谆告诫：文艺工作者应该牢记，创作是文艺工作者自己的中心任务，作品是自己的立身之本，要静下心来、精益求精搞创作，把最好的精神食粮奉献给人民。他指出，必须把

创作生产优秀作品作为文艺工作的中心环节，努力创作生产更多传播当代中国价值观念、体现中华文化精神、反映中国人审美追求，思想性、艺术性、观赏性有机统一的优秀作品。

但是，量多质平，"精品"不精，有"高原"无"高峰"，是我国文艺创作的突出问题。改革开放以来，我国文艺取得了很大成绩，创作出了一批大众喜爱的文艺作品，作品数量有了巨大的增长，但是也存在着不少问题。突出的问题是一些作品不够"精"，"存在着有数量缺质量、有高原缺高峰的现象，存在着抄袭模仿、千篇一律的问题，存在着机械化生产、快餐式消费的问题。"

如何突破瓶颈，依靠谁来创作精品？习近平指出，繁荣文艺创作、推动文艺创新，必须有大批德艺双馨的文艺名家。我国作家艺术家应该成为时代风气的先觉者、先行者、先倡者，通过更多有筋骨、有道德、有温度的文艺作品，书写和记录人民的伟大实践、时代的进步要求，彰显信仰之美、崇高之美。文艺工作者要自觉坚守艺术理想，不断提高学养、涵养、修养，加强思想积累、知识储备、文化修养、艺术训练，认真严肃地考虑作品的社会效果，讲品位，重艺德，为历史存正气，为世人弘美德，努力以高尚的职业操守、良好的社会形象、文质兼美的优秀作品，赢得人民喜爱和欢迎。

因此，文艺工作者必须以充沛的激情、生动的笔触、优美的旋律、感人的形象去创作无愧于我们这个伟大民族、伟大时代的优秀作品，创作出思想精深、艺术精湛、制作精良的文化艺术精品。

立场：欢乐着人民的欢乐，忧患着人民的忧患

文艺家们怎样才能创作出人民满意而且名垂史册的精品呢？习近平指出，文艺工作者要想有成就，就必须自觉与人民同呼吸、

共命运、心连心，欢乐着人民的欢乐，忧患着人民的忧患，做人民的孺子牛。对人民，要爱得真挚、爱得彻底、爱得持久，就要深深懂得人民是历史创造者的道理，深入群众、深入生活，诚心诚意做人民的小学生。艺术可以放飞想象的翅膀，但一定要脚踩坚实的大地。文艺创作方法有一百条、一千条，但最根本、最关键、最牢靠的办法是扎根人民、扎根生活。要用现实主义精神和浪漫主义情怀观照现实生活，用光明驱散黑暗，用美善战胜丑恶，让人们看到美好、看到希望、看到梦想就在前方。

文艺是一个时代的镜子、是一个时代的精神面貌、是一个时代的精神风向标。而人民则是"文艺创作的源头活水，一旦离开人民，文艺就会变成无根的浮萍、无病的呻吟、无魂的躯壳。"

由于新时代的历史性变革，文艺必然地与市场联系在一起。但如何处理好作品思想内涵与市场效应的关系，成为我们关注的焦点。当代世界消费社会的基本形态对今天的文化产生了重要影响。在当代世界，消费主义漫溃于全球，商品的价值已不再是商品本身是否能满足人的需要或具有交换价值，而在于人们对个体欲望的满足。消费成了一切社会归类的基础，也成了一切文化艺术活动的基础。作为市场社会的"经济人"，人们不但消费物质产品，更多地是消费广告，消费类像，消费品牌，消费欲望，也消费符号。文化商品化了，文化进入了消费。这是一个由仿真与幻象架构的"超级实在"比真实还真实的文化世界。消费模糊了物质和精神的界限，也模糊了享乐与艺术的界限。正是这种消费文化无所不在的漫溃，改变了人类数千年来对精神、艺术以及自身生存意义的固有认识和界定，也选择着、创造着、生成着新的文化观艺术观。艺术活动日益深入地市场化、商业化与产业化；艺术产品的生产必须解决与市场经济的关系。

一些作品在"市场"的诱惑下，出现了低俗化和感官化问题，

建造世界精品殿堂

成了市场的奴隶，沾染了铜臭气，在市场经济大潮中迷失方向。一些娱乐节目和影视剧，单纯追求商业化而不注重艺术性，导致文艺市场出现了一定程度的看似繁荣实则贫乏空洞的不良现状。伪"文艺"成为金钱的奴隶，低级恶俗及商业化炒作流行。一些文艺作品，拜金炫富，扭曲历史，主题含混，品位低下，充满负能量，结果票房收视率上去了，可道德文明的高地却失守了。

习近平对此提出了严肃批评："低俗不是通俗，欲望不代表希望，单纯感官娱乐不等于精神快乐"。他也指出了辩证的解决之道："文艺不能当市场的奴隶，不要沾满了铜臭气。优秀的文艺作品，最好是既能在思想上、艺术上取得成功，又能在市场上受到欢迎"。

其实这一问题，习近平早在2003年就思考过。他收录于《之江新语》的《文化产品也要讲"票房价值"》一文中提出"先进的文化产品，应当既体现先进性，又能体现群众性，既不趋利媚俗，又不远离市场、忽视市场。"

优秀传统：精神命脉、一源多用、夯实根基

中华优秀传统文化是中华民族的精神命脉，是创作文艺精品的重要精神源泉，也是我们在世界文化激荡中站稳脚跟的坚实根基。习近平指出，培育和弘扬社会主义核心价值观必须立足中华优秀传统文化。抛弃传统、丢掉根本，就等于割断了自己的精神命脉。要结合新的时代条件传承和弘扬中华优秀传统文化，传承和弘扬中华美学精神。

不忘本来才能开辟未来，善于继承才能更好创新。对历史文化特别是先人传承下来的价值理念和道德规范，要坚持古为今用、推陈出新，有鉴别地加以对待，有扬弃地予以继承，努力用中华民族

创造的一切精神财富来以文化人、以文育人。

要讲清楚中华优秀传统文化的历史渊源、发展脉络、基本走向，讲清楚中华文化的独特创造、价值理念、鲜明特色，增强文化自信和价值观自信。

要认真汲取中华优秀传统文化的思想精华和道德精髓，大力弘扬以爱国主义为核心的民族精神和以改革创新为核心的时代精神，深入挖掘和阐发中华优秀传统文化讲仁爱、重民本。

我国古代先哲，给我们留下了无数彪炳史册的精品，这是我们今天创作文艺精品的精神食粮和思想资源。所以习近平2014年9月9日，到北师大看望教师时明确提出：我很不赞成把古代经典诗词和散文从课本中去掉，"去中国化"是很悲哀的。应该把这些经典嵌在学生脑子里，成为中华民族文化的基因。他指出，古诗文经典已融入中华民族的血脉，成了我们的基因。我们现在一说话就蹦出来的那些东西，都是小时候记下的。语文课应该学古诗文经典，把中华民族优秀传统文化不断传承下去。

中华传统文化是中华民族的生存方式和精神家园。习近平提出"中华文化积淀着中华民族最深沉的精神追求，是中华民族生生不息、发展壮大的丰厚滋养。""中华文明源远流长，蕴育了中华民族的宝贵精神品格，培育了中国人民的崇高价值追求。自强不息、厚德载物的思想，支撑着中华民族生生不息、薪火相传。""优秀传统文化可以说是中华民族永远不能离别的精神家园。"中华文化塑造了中华民族自强日新、厚德载物的"最深沉"的精神追求，赋予中华民族生生不息的生命力。

中华传统文化包含着许多人类文明的生存智慧。习近平明确提出"在确立人类社会普遍的道德规范方面，中华文化有其优长之处。"认为中华文化中包含着许多为人类所共同遵循的普遍性的生存智慧。"老子、孔子、墨子、孟子、庄子等中国诸子百家学说至

建造世界精品殿堂

今仍然具有世界性的文化意义。"指出这些"思想家上究天文、下穷地理，广泛探讨人与人、人与社会、人与自然关系的真谛，提出了博大精深的思想体系。"强调了老子、孔子等人的思想中包含了许多正确反映人与人、人与社会、人与自然和谐生存发展规律的真理性认识，这些思想"思考和表达了人类生存与发展的根本问题，其智慧光芒穿透历史，思想价值跨越时空，历久弥新，成为人类共有的精神财富。"这种高度肯定中华优秀传统文化是人类共有精神财富具有世界普遍文化意义的思想观点体现了我们党对于中华传统优秀文化的本质意义的新认识。

"最深沉的精神追求""最深厚的文化软实力"是习近平对中国传统文化的最高评价。中华优秀传统文化中包含着几千年来中国人民生生不息、绵绵不已的民族精神和发展动力，蕴含着今天实现中国梦的中国精神和中国力量，它在"今天依然是我们推进改革开放和社会主义现代化建设的强大精神力量。"古人所说的"先天下之忧而忧，后天下之乐而乐"的政治抱负，"位卑未敢忘忧国"的报国情怀，"富贵不能淫，贫贱不能移，威武不能屈"的浩然正气，"鞠躬尽瘁，死而后已"的献身精神等，"都体现了中华民族的优秀传统文化和民族精神，我们都应该继承和发扬。"他在全国宣传思想工作会议上就提出优秀传统文化中包含着中华民族"最深沉的精神追求""最深厚的文化软实力"，可以凝聚和打造强大的中国精神和中国力量。

在坚持弘扬中国文化传统、提升我们文化软实力的过程中，我们还必须借鉴国际经验，依靠文化产业等有利手段，谋求"一源多用"，开发多元化的文艺产品，使之成为广大人民群众喜闻乐见的文化消费品。同时，积极探索文化资源"活化"的方式和方法，在实践转换和创作展示中，夯实文化根基和市场根基，从而使古老的中华文明在当下产生更为广泛和深远的影响。

审美价值：启迪思想、温润心灵、陶冶人生

追求真善美是文艺的永恒价值。艺术的最高境界就是让人动心，让人们的灵魂经受洗礼，让人们发现自然的美、生活的美、心灵的美。

每个时代都有每个时代的精神。文艺是铸造灵魂的工程，文艺工作者是灵魂的工程师。好的文艺作品就应该像蓝天上的阳光、春季里的清风一样，能够启迪思想、温润心灵、陶冶人生，能够扫除颓废萎靡之风。习近平要求广大文艺工作者要高扬社会主义核心价值观的旗帜，把社会主义核心价值观生动活泼、活灵活现地体现在文艺创作之中，用栩栩如生的作品形象告诉人们什么是应该肯定和赞扬的，什么是必须反对和否定的，做到春风化雨、润物无声。要把爱国主义作为文艺创作的主旋律，引导人民树立和坚持正确的历史观、民族观、国家观、文化观，增强做中国人的骨气和底气。

习近平指出，随着人民生活水平的不断提高，人民对包括文艺作品在内的文化产品的质量、品位、风格等的要求也更高了。文学、戏剧、电影、电视、音乐、舞蹈、美术、摄影、书法、曲艺、杂技以及民间文艺、群众文艺等各领域都要跟上时代发展、把握人民需求，以充沛的激情、生动的笔触、优美的旋律、感人的形象创作生产出人民喜闻乐见的优秀作品，让人民精神文化生活不断迈上新台阶。

文艺的发展有其自身的规律，作为其理论掌握形态的文艺思想也有其相应的发展轨迹。同科学范式具有自身的规定性一样，文艺的发展也具有自身的特殊规定性。它是一定时期一定国度(民族、地域)内从事文艺的共同体所共同遵守的范式。当代文艺思想和观念就是在不同的文艺观指导下的发展史，也是一部文艺思想与观念的演变史。要繁荣文艺，创作出更多更好的文艺精品，就要在总体世界观

价值观的指引下探索文艺自身的内部规律。文艺自身拥有独特的理论体系、方法论规定、价值标准、符号系统、逻辑运演程序和模态范例。每一种新的文艺范式都必须对全部既定的文学原则进行重新的解释，同时还必须确定批评、研究文艺的基本方法论程序，也即创造一套解释文艺作品的技巧和规则，由此也创造了解释的对象。

我们要通过文艺作品传递真善美，传递向上向善的价值观，引导人们增强道德判断力和道德荣誉感，向往和追求讲道德、尊道德、守道德的生活。只要中华民族一代接着一代追求真善美的道德境界，我们的民族就永远健康向上、永远充满希望。

历史上创作出精品的文艺大师往往具有独立不羁的精神品格和个性气质。要尊重文艺工作者的创作个性和创造性劳动，政治上充分信任，创作上热情支持，营造有利于文艺创作的良好环境。这就要坚持百花齐放、百家争鸣的方针，发扬学术民主、艺术民主，营造积极健康、宽松和谐的氛围，提倡不同观点和学派充分讨论，提倡体裁、题材、形式、手段充分发展，推动观念、内容、风格、流派切磋互鉴。要高度重视和切实加强文艺评论工作，运用历史的、人民的、艺术的、美学的观点评判和鉴赏作品，倡导说真话、讲道理，营造开展文艺批评的良好氛围，形成不断出精品、出人才的生动局面。

唯有争鸣，才能有创造的活力。十八大高倡的学术民主和艺术民主，是文艺评论不断发展的动力，也是精品产生的必要土壤。习近平指出，真理越辩越明。一点批评精神都没有，都是表扬和自我表扬，吹捧和自我吹捧，造势和自我造势相结合，那就不是文艺批评了。文艺批评要的就是批评，"一团和气"不是良好的批评生态，"一评就跳，一评就骂"更不是衡文论艺的正常氛围。

敢不敢实事求是，是开展文艺批评必须首先解决的一个问题。要倡导说真话、讲道理的原则，倡导公道直言、实事求是的评论风气。在艺术质量和水平上敢于实事求是，对各种不良文艺作品、现象、思潮敢于表明态度，在大是大非问题上敢于表明立场。评论家和作家艺术家之间，在艺术质量和水平上要敢于实事求是，论理讲美，好处说好，不足处说不足。

我们鼓励不同文艺观点、审美立场进行自由争论，提倡风格多样的评论形式。各级媒体，在舆论引导、社会宣传和大众传播上负起责任。要把握好学术争鸣与媒体责任、评论自由与宣传导向之间的关系，在繁荣中加强引导，实现健康有序的良性发展。专业性的评论期刊报纸更多鼓励思想碰撞和学术争鸣；大众传播媒体更多致力于用文艺评论带给广大群众思想艺术启迪，引领健康的文艺鉴赏。

不仅需要宽松的氛围和诚实求真的批评，我们的文艺还必须拥有更加宽广的视野和更加宏阔的胸怀。我们的社会主义文艺要繁荣发展起来，必须认真学习借鉴世界各国人民创造的优秀文艺成果。只有坚持洋为中用、开拓创新，做到中西合璧、融会贯通，我国文艺才能更好发展繁荣起来，精品才能源源不断地创作出来。

无疑，我们将迎接一个文艺繁花似锦、精品迭出的伟大时代。进军的号角已经吹响，蓬勃的热潮已经涌动。历史将证明，一批具有崇高之美灵魂之筑的巅峰之作，一批无愧于我们伟大时代伟大民族的文艺精品必将诞生。而北京，则必须成为孕育这些精品的最好的一方沃土。

建造世界精品殿堂

第一章
文化精品与判定标准

第一节 何为文化精品

从广义上讲，文化是一种社会现象，是人类长期创造形成的产物。同时又是一种历史现象，是社会历史的积淀物，它可以是指一个国家或民族的历史、地理、风土人情、传统习俗、生活方式，也可以是这个国家或民族的文学艺术、行为规范、思维方式、价值观念等。而作为一种精神产品，文化艺术产品来源于社会生活，并在整个社会产品中占有越来越大的比例。简而言之，我们所说的文化精品概指"文化艺术类产品"，它能带给人正能量，在传承文化的同时，也具有极高的审美价值。而"精品"一词在辞海中的释义为："精良的物品；上乘的作品"。其核心在一个"精"字，在我国东汉许慎《说文解字》中提到："精，择也，从米青声"，清代段玉裁《说文解字注》中提到"……简米曰精，简即柬，俗作拣者是也。引申为凡取好之称……"。简而言之，"精品"就是从众多作品中拣选出的最优秀、最上乘的作品。

我国历来重视文化精品的创作与传播，并从政策层面上明确提出了文化精品战略。早在1996年，中国共产党第十四届中央委员会第六次全体会议上通过的《中共中央关于加强社会主义精神文明建设若干重要问题的决议》中就提出"文化精品"这一概念。决议提

出，"树立精品意识，实施精品战略，在文学艺术各门类中，努力创作出一批思想性艺术性统一，具有强烈吸引力感染力，深受广大群众欢迎的优秀作品，带动社会主义文艺事业的全面繁荣"。在这里，思想性、艺术性和高效传播性，作为可以在实践层面上指导文化精品"拣选"的标准，对我国现阶段文艺创作起到了重要的引导和促进作用。

进入新世纪以来，随着文化事业改革和文化产业发展的带动，精品力作不断涌现，文艺作品的数量和质量不断提升。当然，另一方面，随着市场化程度的提高，文艺创作也出现了局部的媚俗、趋利等弊端。因此，如何与市场保持一种良性的互动，以维护艺术生产的独立性和纯粹性，已成为一个刻不容缓的理论和实践对策问题。除了学界、艺术界自身的努力之外，党中央在政策层面上对文艺发展的研究也逐步深化。2014年10月5日，中共中央召开了文艺工作座谈会。这是自第一届领导人召开延安文艺工作座谈会之后的首次同等规模的盛会。在这次会议讲话中，习近平总书记不仅明确了文艺的独立性，而且又从"思想""艺术"和"制作"三个层面高度浓缩明确了文化精品的内涵和外延。习总书记说："精品之所以'精'，就在于其思想深远，艺术精湛，制作精良。"可以说，习总书记的讲话为文艺工作者指明了行动的方向和努力的目标，广大文艺工作者必须从创意、构造到制作等各个环节都秉承"精益求精"的职业精神，以创作出真正可以广泛传播的精品力作。

一、文化精品的艺术特征

文化精品作为一种或经典或先进的文化形式，区别于一般的文化产品，有着极高的审美价值。每一件文化精品都经过社会生产后进行了艺术再加工，使之成为富有审美特质的上乘之作。

文化精品的基本艺术特征之一就是形象性。换句话讲，文化艺术作品是文化艺术反映生活的特殊形式，以具体的、生动感人的形象来反映社会生活和表现思想情感。各个具体的文化艺术门类，它们所塑造的文化艺术形象可以具有各自不同的特点，如雕塑、绘画、电影、戏剧等门类的艺术形象，欣赏者可以通过视觉感官直接感受到；而音乐、文学等门类的文化艺术形象，欣赏者则必须通过音响、语言等媒介才能间接地感受到。

文化精品的另一个基本艺术特征是主体性。文化艺术生产作为一种特殊的精神生产，必然具有主体性的特征。毫无疑问，文化艺术要用形象来反映社会生活，但这种反映绝不是单纯的"模仿"或"再现"，而是融入了创作主体乃至欣赏主体的思想情感，体现出十分鲜明的创造性和创新性。

二、文化精品的人文属性

文化艺术作品是一种特殊的社会意识形态和特殊的精神生产形态，它通过生产实践活动，反映从物质世界到精神世界、从生产关系到思想关系的人类的全面的社会生活，创造美的精神产品，满足人类精神上的审美需要。这就是文化精品的人文属性。要做到这一点，文艺工作者必须贴近生活、贴近人民。正如习近平总书记所强调的，"人民是文艺创作的源头活水，一旦离开人民，文艺就会变成无根的浮萍、无病的呻吟、无魂的躯壳。"

首先，我们要肯定并且强调文化艺术的实践意义，文化精品的创造是人类认识世界、改造世界并创造自身的一种生活实践活动。这种实践活动，离不开创作主体的能动作用，同时，也会受到创作主体主观意识的限制和影响。

从创作过程来看，艺术形象有感觉、直觉的认识基础，任何艺术家都是从个别的、具体的生活感受开始进入创作的，并不是从抽象的概念出发或图解概念。离开个别的、具体的、直观的可感性，

形象便不存在，作品本身也不存在。如果有人在美术展览会上指着一面白墙说"这就是我的作品"，而观众除了这面墙什么也看不到，那么这种子虚乌有的"皇帝的新衣"式的"作品"，就很难称之为文化精品。另一方面，文化艺术形象又不能仅仅是它的感性形式或感性因素，它还必须以具体的感性形式表现深刻的理性内容，以可感的现象形态表现深层的审美情感和审美理想，是感性与理性的统一。鲁迅曾说艺术家的创作"表面上是一张画或一个雕像……其实是他的思想和人格的表现"。具体地说，作为创作主体的文化艺术家，由于各人的思想感情、生活经验、认识能力与审美修养的差异，他们所创造的文化艺术形象有的就比较真实或高度真实，有的就不够真实或非常空虚。然而，文化艺术形象的真实性，是一切优秀文化艺术作品的基本要求。有判断力的理论家和有创造性的艺术家都十分重视文化艺术作品的真实性，认为"艺术的生命就在于真实"，视真实性为文化艺术的生命。

所谓文化艺术反映客观世界的真实性，即是说文化艺术作品的形象要符合它所反映的客观事物实际，符合它所反映的社会生活实际。这是一般再现性艺术的基本要求和基本特征。所谓"再现"是指文化艺术家在其作品中对他所认识的客观对象或社会生活的具体描绘，在创作手法上偏重于写实，追求感性形式的完美和现实的真实；在创作倾向上偏重于认识客体，模仿现实。再现性的文化艺术作品是中外文化艺术史上的主要倾向，其作品平易近人，如实摹写，生动细腻，具有独特的审美魅力，容易为一般受众所欣赏和接受，拥有广大的群众基础。其特点是感性的现实和冷静的理智在创作中起主导作用，观察缜密，技法严格，细节真实。

文化艺术的真实性还体现在表现艺术家主观世界的真实，即真实地表现创作主体的精神世界，包括他的思想、情感、个性、人生态度和理想追求等等。这是一般表现性文化艺术所特别强调的。

所谓"表现"是指艺术家运用艺术表现手段来表达自己的情感体验和审美理想，在创作手法上偏重于理想地、情感地表现对象或抛弃具体的物象，追求超感觉的内容和观念，常常采取象征、寓意、夸张、变形以及抽象等艺术语言，以突破感受的经验习惯；在创作倾向上，则偏重于表现主题意识，直抒胸臆。文化艺术中表现的真实，即文化艺术形象中所体现出来的艺术家的真诚与真挚。表现性艺术具有震撼人心、高度概括、不求形似等特点，是中外文化艺术史上的另一主要倾向。

文化艺术作为一种精神力量，能够在人们认识世界、改造世界的过程中转化为物质力量，对社会发展产生深刻的影响。这种影响，不仅表现在个人的成长历程中，而且表现在民族和国家的漫长历史进程中。先进的、健康的文化艺术对社会的发展产生巨大的推动作用；相反，反动的、腐朽没落的文化艺术则对社会发展起着重大的阻碍作用。

我们在漫长的社会发展过程中不断创造着优秀的文化艺术，而文化艺术也在反过来塑造着我们。优秀的文化艺术作品能够丰富人的精神世界。积极参加健康有益的文化艺术活动，不断丰富自身的精神世界，是培养健全人格的重要途径。优秀的文化艺术作品，总能以其特有的感染力和感召力，使人深受震撼、力量倍增，成为照亮人们心灵的火炬、引领人们前进的旗帜。而由此产生的精神力量，往往历久不衰，激励人们不断创造美好幸福的生活。

第二节 文化精品的育成机制

任何事物都有它的育成机制，就如同与一个孩子进行交流，就能够感受到这个孩子所受的家庭教育一样。文化艺术的育成机制不仅仅为文化艺术作品的产生提供了必要的条件，也为文化艺术作品

营造了生成的环境。

文化产品生产是一种艰辛的精神劳动,是一种意识活动的复杂过程,需要文化工作者不断提高思想水平,在时代生活中获得丰富的创作源泉,同时也需要他们充分发挥自己的聪明才智和献身精神,真诚投入、潜心创作、呕心沥血、精益求精、勇于探索、积极创新。只有这样,才能创作出无愧于时代和人民要求的优秀作品来。也就是说,树立精品意识、弘扬献身精神和创新精神是文化精品生产的基本前提。此外,文化精品的育成还需要综合考量如下几个方面的问题。

一、文化精品育成的环境要素

十八大报告指出,文化是民族的血脉,是人民的精神家园;文化实力和竞争力是国家富强、民族振兴的重要标志。要坚持把社会效益放在首位、社会效益和经济效益相统一,推动文化事业全面繁荣、文化产业快速发展。另外,在2014年文艺工作座谈会上,习近平总书记也强调,"一部好的作品,应该是把社会效益放在首位,同时也应该是社会效益和经济效益相统一的作品。文艺不能当市场的奴隶,不要沾满了铜臭气。优秀的文艺作品,最好是既能在思想上、艺术上取得成功,又能在市场上受到欢迎。"这就要求我们一定要将文化艺术推广至社会化、大众化程度。

小到一个家庭,需要文化艺术作品来陶冶情操、丰富家庭教育内容;大到整个社会,需要文化艺术作品来丰富人们的精神文化生活,提升整体的文艺素质。因此,社会对于文化艺术作品的需求一直有增无减,甚至在追求一定量的基础上,人人都渴望接触与消费层次更高的文化艺术作品。为满足人民群众日益丰富的高品质的文化需求,就必须依托文化资源,营造创作环境,并提供必要的实践转换平台和相关政策支持。文化艺术精品育成的环境要素主要包括如下两点：

首先，文化精品的育成需要文化资源的依托。因此在创作文化作品的过程中，应借助高科技手段和现代经营管理理念深入挖掘所在环境中的文化资源，借助文化领域常用的"一源多用"策略，整合利用各类文化资源，并从长远发展角度看，开放创意与创造，在"活化"资源的基础上，创造符合时代特色、民族精神的文化精品。

其次，文化精品的育成需要培养创造性的思维环境。文化精品的创作过程中贯穿着创新思维和批判思维。艺术家创作作品需要根据文化发展的规律，对一些事物进行合理的创新和批判。同时，也要求艺术家保持应有的创新精神，善于独立思考、理性思维，以创新的理念构想新的艺术形式，创造出新的东西来。社会发展需要文化产品创新，社会发展也为文化产品创新提供了环境。党的十六大提出："鼓励人们根据新时期的新事物、新现象，创作讴歌改革开放和现代化建设的具有健康思想和艺术魅力的优秀精神文化产品。"也就意味着在政策上应赋予广大文艺工作者充分自由的空间完成创新，创造出文化精品。

二、文化精品的创作机制

艺术家完成创作是受多种因素的制约与影响的。其中主观情感对客观对象的感受，表现为心理和生理的诉求，主要反映在不同时期经历的触发，以及文艺灵感、形象思维、抽象思维与文艺境界的升华等方面。

文化艺术的创作灵感和激情的勃发，既要有心情，还要有氛围，客观境遇的冲击，会产生心境的波澜，而后顺其自然地投入到创作中去，以一种自然而然的状态进行文化艺术的创作。

精品意识是精品生产的先导思想，没有精品意识就不可能有精

品产生。精品的产生绝不是偶然的，它不是某个人靠一时的灵感侥幸创造出来的。它需要艺术家不断丰富自己并经过艰苦努力才能创作完成。在这期间，精品意识始终占据着创作者的头脑，它是创作者精品创作的先决。当创作者怀着一种生产精品的意识去从事创作时，他才会用十分的心思到生活中去选取素材，用十分的心思去结构布局他的作品，用最为真挚的深切的语汇去表现他的作品，而只有这样，那种高品位的、人民群众最为喜爱的精品之作才能够得以产生。

三、文化精品的传播与接受机制

从狭义角度讲，艺术传播主要运用艺术语言，如音乐、舞蹈、绘画、雕塑等表达思想内容和情感。它作为传播的一个分支，有它自身的形式和特点。艺术传播的个性是由文化艺术自身因素而决定的。在文化艺术这个领域中实现的传播行为，除了具有一般传播共有的形式和特点外，还有自身突出的特点。艺术传播作为千百年来相沿成习、世代传递的人类文化意识的综合表现，是一种特殊的文化形态。它具有一定的社会约束力，是一种"约定俗成"的习惯力量，具有"软控制"的性质。

艺术传播所达到的传播效果应该是传播者以文化艺术媒介为手段，通过特定的传播渠道，进行有目的、有特色的传播，并使传播的文化艺术信息受到广大受传者的关注，给历史留下记忆，给社会和民众造成影响，进而收到预期的思想、文化、美学、娱乐等方面的效果。

艺术传播古已有之，方式多种多样。从远古就出现了口头传播，随着时代的前进，科学技术的发展，现代社会又陆续出现了文字、纸质出版、电子和网络等传播方式。当今时代，传播方式中比较集中、为人们普遍接受和经常使用的传播方式是现场传播、展览式传播和大众传播等。

文化艺术作品因为其自身的特点，因此有着自己独特的接受机制。文化艺术作品通过原版的鉴赏来体现自身的价值。文化艺术鉴赏指作为文化艺术传播的接受者如读者、观众、听众等凭借艺术作品而开展的一种积极、主动的审美再创造活动。文化艺术作品为了满足更多受众的期望同时又承载了传承优秀文化艺术的重任，不仅仅只停留在外在形式的推陈出新。

受众的需求、要求不断提高，促使着文化艺术作品不断涌现出精品。精品本身所具有的教化作用、审美功能也深深影响着受众群格调的提升。

第三节 文化精品的判定标准

一、文化精品的主要类型

文化精品依据文化内涵和艺术层次的不同，基本分为传统文化艺术精品和大众流行文化时尚精品两大类。

传统文化艺术精品在内容上更加具有经典性、先锋性和开创性，形式紧紧围绕内容并为内容服务，传统文化艺术作品更加注重作品的艺术性，具有很强的审美价值。

大众流行文化时尚产品在内容上具有大众性、流行性和时尚性的特点，形式多样，形态也更加开放，传播手段丰富新颖，注重受众的拓展，具有很强的社会性。

在两大类文化精品中，我们将着重探讨如下五种精品：视觉艺术类文化精品、表演艺术类文化精品、影视艺术类文化精品、建筑及城市时尚类文化精品、城市民间及公共艺术类文化精品。

随着人们生活水平的提高，人们对于精神文化的需求也不断增

加。文化艺术作品层出不穷，越来越多的文化艺术作品精益求精，力求打造文化艺术精品。

然而，划分文化精品和非文化精品并未有一个明确的界限。在此，我们看重将文化精品与非文化精品在内涵层次进行区分。真正让受众感同身受达到审美感受的是传统文化艺术精品；次之，大众流行文化时尚精品也为我们提供了文化艺术社会化的典范；再次之，审美功能一般、旨在于填充精神生活的，便只能称作一般文化产品。

文化精品是文化工作者思想水平和艺术造诣的体现，是对时代生活的思考和再现，是一种复杂的意识活动，是人们对精神文化的需求和审美需求不断提高的产物。因此，对文化精品的判定标准绝不是单一的、绝对的，而应该是复杂的、辩证的。任何一件艺术作品的好与坏，与观众的主观意识和审美水平有很大关系。观众通过用视觉、听觉等感官意识对艺术作品进行观察和欣赏，经过复杂的审美过程得出结果。迄今为止，并没有专家学者得出绝对准确的审美判定标准，更多的是通过各门类艺术作品的审美特征，对作品进行理性和感性分析，从而得出相对合理的判定。例如：对建筑艺术作品的判定，首先应遵循"实用、坚固、美观"的标准，其次看其是否具备形象美、文化性和时代感的艺术形式，综合各方面数据判定是否是建筑艺术精品；对影视艺术作品的判定，看其是否有效运用影视艺术的艺术语言，将各门类艺术和谐统一，其作品是否具有情节性、文学性、表演性等艺术特征，具有时代感，并具有创新性。综上所述，判定一件文化精品是一项是复杂的过程，每一门类艺术作品均有其统一性和特殊性。

根据《中共中央关于加强社会主义精神文明建设若干重要问题的决议》等党和国家的重要文件精神，我们可以归纳出文化精品应该具备的基本条件：艺术性与思想性完美统一，时代特性突出，讴歌时代主旋律；具有创新性，具备强烈的吸引力和感染力；社会效益和精神效益并存，深受广大群众欢迎；具有很强的生命力，能在较长时间内发挥作用。简而言之，文化作品首先应具备以上四点才有成为文化精品的资格。

二、文化精品的判定标准

如前所述，文化精品从创作维度看，首先必须做到思想性、艺术性的统一。在文艺创作中必须坚持将社会主义核心价值观借助有效的创作与传播，使之成为国民素质教育和价值观培育的重要支撑。正确的定位，不但可以为艺术创作提供重要的题材和素材，而且也是获取宝贵的生活体验和创作技巧的重要保障。在这个基础上，自觉地贴近生活、贴近时代、贴近时代，才能够获得无尽的源头活水和创作动力，从而创作出具有极强艺术震撼力的"高峰"之作。

简而言之，判断文化艺术作品是否能称得上精品，前提就要考察其创作者和传播者是否牢固树立了以人民中心的文艺业绩观，能够在坚守深厚的历史人文基础和宏阔的世界视野的前提下，立足现实生活、关注民情民生，创作出了真正"有筋骨""有道德""有温度"的原创作品。

我们如果要对文化精品的主要类型进行判定标准的设置，就要对其艺术创作的"道"与"术"做全面系统的判断。我们必须考虑到的是文化精品的民族性、时代性，同时还要兼顾到各门类艺术作品的本体特性。各种因素下更需找到综合考量的判定标准，即是文化精品大体一致的评价体系。据此，在高雅文化与大众文化精品、传统艺术与现代艺术、中国文化艺术作品与西方文化艺术作品之间，我们势必应当找到一种可能的桥梁——"沟通"路径。在"沟通"路径的选择上，通常情况下，我们有艺术创作维度与接受维度的"沟通"，创作、接受艺术与社会文化判断基础标准的"沟

通"。而倘使我们将其两个方向上的"沟通"剥离开来，将内核部分抽取出来，弃置差异性，归核共通性，即是找到文化精品判定标准的"最大公约数"，此为文化精品判定标准的由来。

好的文化精品需要具备怎样的最大公约数呢？从艺术系统角度而言，其需要同时兼备作品的"思想性""艺术性""观赏性"，也只有这样的三性合一，好的文化艺术创作才能真正成为精品。据此，我们可以对文化精品进行一个初始界定，并进而找到文化艺术精品判定的具体方法和标准。

首先，文化艺术精品必须具备思想性。所谓思想性标准一般会根据作品的层次和类型而有所区别。比如，对传统文化艺术精品而言，作品的深度、广度和厚度就是必备的思想性要求。这类文化艺术精品往往反映了一个国家、一个社会或者一个时代的精神价值与追求。当这样的精神信息传递给读者或者观众时，往往会起到启迪心智、涵育情怀，甚或提升意志的作用。而对大众流行文化时尚精品而言，作品的娱乐性、消遣性；和舒缓性作用就会凸显出来。这类作品所传递出的思想、意识、情感大多已经类型化、正典化，接受难度不高。大众流行文化时尚精品往往会起到缓解社会矛盾、提升生活品质的作用。

在有些情况下，一些有难度的传统文化艺术精品也会向时尚类精品转换，而其富含的思想精神则会在这种转换过程中随着受众的拓展而"稀释"，从而成为某种时尚的元素。例如，早年颇具先锋意识的孟京辉话剧如今已经成为都市白领们的时尚消费品。同样，某些流行时尚精品随着流行性的降低，或许会因其承载的文化含量的上升而为传统文化艺术精品。例如，早年的流行剧场艺术京剧，在今天则成为居庙堂之高的传统文化精品了。

其次，文化艺术精品必须具备艺术性。我们固然强调艺术性与思想性的统一，但事实上，文化艺术精品的艺术性标准主要用来衡量其艺术本体的价值，包括作品的独特性、原创性和有效驾驭同类艺术的技法，以及由此而产生的丰富的审美价值等。

具体而言，评估一个文化艺术作品是否在艺术性方面已经达到精品的高度，可以从如下两个评估维度入手：第一，其艺术语言是否鲜明、独特、准确，能够有效传递其精神内涵，并且创造了典型的艺术形象或意蕴；第二，其创作手法是否老道、精准或创新，能够创造节奏适当的艺术结构，并在艺术处理和表现方面达到巧夺天工的高度。因此，艺术性标准就是文化艺术精品创作的本体标准。在这个意义上，可以说，没有艺术性，就没有所谓艺术品的存在。

当然艺术性标准也会根据作品层次、类别而有所变化。对于传统文化艺术精品而言，艺术性标准就是内容与形式的高度统一，体现的是艺术家所能达到的最高的审美境界。在不同的艺术门类中，人们习惯用不同术语来概括艺术性，如常用的"文学性"等。而对于大众流行时尚精品而言，艺术性标准更多地侧重于形式和质感，强调的是读者或受众在形式美感中所获得的愉悦情感或情绪。总而言之，文化艺术精品的艺术性标准虽然有雅俗之分、繁简之别，但其共同特点是具有极致的形式美和感染力。

再次，文化艺术精品必须具备观赏性。如果说，思想性标准和艺术性标准还可以从创作者和接受者两个层面谈，那么观赏性标准则相对单一，着重从接受者角度出发。这一标准要求我们必须站在受众角度思考问题，并积极促进艺术体验、艺术参与同艺术欣赏的整体性。文化艺术精品的观赏性标准主要通过作品在社会的运作中来彰显其真正的价值。文化的发展、艺术的创造是由艺术家发起、接受者参与的一个完整过程。在这个过程中，接受者及其接受程度决定了文化艺术精品的观赏性高度。观赏性虽然与创作主体有一定的关联，但一件文化艺术作品的观赏性更多是与接受者发生关系。接受者的阅历、情趣和修养各不相同，接受者与作品接触的社会环境、历史背景，甚至是一个具体的审美接受空间的不同，都会产生不同的观赏性效果。事实上，时代发展要求我们在关注艺术生产、艺术者的同时，将思考和目标更多投向艺术受众，后者对艺术发展的生态平衡起到了重要的结构性作用。

综上所述，我们应当把艺术创作、艺术作品、艺术鉴赏作为艺术生产的全过程来进行考察，进而把这三个独立的环节作为一个完整的艺术系统来进行综合的、全面的研究。与之相对应，思想性、艺术性、观赏性就成为在各个关键点上展开评估的三大核心判定标准。当然，上述文化艺术精品"三性"的判定标准只是我们在考虑到艺术种类和文化层次基础上所归纳出来的标准，是一个"最大公约数"，还需要针对文化艺术现象和文化艺术作品创作的具体环境来考量，包括创作和接受维度。

第二章
北京文化精品的现状分析

第一节 北京文化精品创作的现状

一、视觉艺术及设计类文化精品的创作现状

随着我国改革开放进程的不断加快，社会、经济、政治等都进入了一个新的发展阶段，文化作为必不可少的推动因素之一所起的作用也越来越突出，尤其是作为改革开放领头羊的北京、上海等地，创新文化、精品文化更是如雨后春笋般涌现出来并日益展现出其巨大的魅力和生命力。其中，尤其以视觉艺术和设计艺术为代表的文化精品更是成为各个地方文化发展的新的宠儿。在整个大环境下，北京市作为中国各类艺术文化的聚集地和发散地，新时期新机遇下也面临着自己的发展问题和创作情况，本文将立足考察的基础上重点解析作为首都的北京市的视觉艺术和设计类文化精品的创作现状及特点以及就此出现的问题找到合适的解决方法。

众所周知，北京作为中国的首府，历来是各种创意文化和产品的聚集地，当然作为创意文化精品的重要代表，视觉文化和设计文化也获得充分发展的沃土。随着国家文化产业政策的调整发展，越来越多的文化精品从这里诞生出来并辐射影响到其他地方。北京市现阶段的此类艺术的发展情况到底是怎样的呢？本文将从三个方面

建造世界精品殿堂

进行解析和梳理北京市的视觉艺术及设计类文化精品的创作现状。其一是立足传统文化基础上的视觉艺术和设计文化精品的创新与构造（以奥运形象为例）；其二是新兴科学与视觉艺术和设计文化的结合与再造（动漫和电影为例）；其三是创新艺术区的出现给它注入了新鲜的血液（以视觉艺术区为例）。

在此之前，我们首先要弄清楚两件事情，其一是什么是视觉艺术，其二视觉艺术与设计的关系。视觉艺术不同于听觉艺术，它是看的见、摸的到的艺术，强调真实性。绘画艺术、雕塑艺术、服装艺术、摄影艺术都是传统的视觉艺术。影视艺术、动漫艺术、环境艺术，这三个视觉艺术的存在时间不是很长，但是却起到很大的作用，影视艺术和动漫艺术属于综合艺术，既属于视觉艺术又属于听觉艺术。环境艺术是一个新兴学科，它在环境的规划方面起到很大的作用，对人类的生活具有很大的帮助，使城市的规划更加人性化。所以环境艺术也是一种典型的视觉艺术形式。因此，视觉艺术基本囊括以上的艺术形式，并且视觉艺术和设计文化有着紧密的联系。在现实生活中，二者基本上是相互交融，共同发挥作用和影响着人们的日常生活，此类文化精品的出现丰富了北京市民的生活。因此，对于其发展现状的研究和整理有利于它更好的繁荣。那么，下面我们就此问题进行详细的论述和剖析。

（一）立足传统文化基础上的视觉艺术和设计艺术精品的创造与创新

习近平总书记在2014年10月15日文艺座谈会上的讲话中指出："中华优秀传统文化是中华民族的精神命脉，是涵养社会主义核心价值观的重要源泉，也是我们在世界文化激荡中站稳脚跟的坚实根基。要结合新的时代条件传承和弘扬中华优秀传统文化，传承和弘扬中华美学精神。"北京市既是一个经济发达的大都市，也是一个拥有着雄厚传统文化资源的现代都市。丰厚的传统文化资源给了艺术设计和文化精品创作更多的土壤。因此，北京市的视觉艺术和设计艺术首先应当立足文化传统并从中汲取丰富的营养，这样立足于肥沃的沃土之上才会生长和结出优秀的果实，处在这样的基石之上的奥运文化的精品打造，用它自身的典型实例给了我们最好的实践证明。这里我们从2008年的奥运会各个部分的形象设计中可以深刻地体会到，奥运会各种形象的设计已经成为北京市文化精品成功案例的经典代表，它们既是视觉的也是设计的，成为北京市文化精品创意中的新的宠儿。

奥运会经典形象的塑造与设计的成功和传统中国文化的创新有着紧密的联系，它带给人们强烈的视觉冲击和精神震撼。一经出现就受到国内外的热烈关注和赞扬。

文化创新带来的新的成果就是文化精品的国际化，北京奥运会之后，奥运形象、奥运会徽标以及奥运福娃等都走出了国门走向了国际并受到世界各国人民的喜爱。尤其是奥运福娃，她的诞生和创意深刻反映出中华民族文化的底蕴，也可以说是中华民族文化给了奥运吉祥物五福娃丰富的创作源泉。五个憨态可掬的动物拟人化的形象，五个娃娃五种色彩"蓝，黑，红，黄，绿"分别和奥运五环的颜色一致，其中也蕴含着我国的五行"金，木，水，火，土"，五行在中国是一种相生相克的多元统一的唯物理论，和世界和平统一的精神相吻合，而且赋予了五环更深刻的内涵。

"福娃"的原型和头饰更是应用了中国传统艺术的表现方式，展现了灿烂的中华文化。福娃贝贝的造型是鱼。在中国传统文化艺术中，"鱼"和"水"的图案是繁荣与收获的象征，人们用"鲤鱼跳龙门"寓意事业有成和梦想的实现，"鱼"还蕴含着吉庆有余、年年有余，传递的祝福是繁荣。贝贝的头部纹饰使用了中国新石器时代的鱼纹图案。福娃晶晶的造型是一只憨态可掬的大熊猫，无论走到哪里都会带给人们欢乐。作为中国国宝，大熊猫深得世界人民

的喜爱。晶晶来自广袤的森林，象征着人与自然的和谐共存，晶晶头部纹饰源自宋瓷上的莲花瓣造型。福娃欢欢的造型是一个火娃娃，象征奥林匹克圣火。欢欢是运动激情的化身，他将激情散播世界，传递更快、更高、更强的奥林匹克精神。所到之处，洋溢着北京2008对世界的热情。欢欢的头部纹饰源自敦煌壁画中火焰的纹样。福娃迎迎的造型是一只机敏灵活、驰骋如飞的藏羚羊，他来自中国辽阔的西部大地，将健康的美好祝福传向世界。迎迎是青藏高原特有的中国保护动物藏羚羊，是绿色奥运的展现。迎迎的头部纹饰融入了青藏高原和新疆等西部地区的装饰风格。福娃妮妮的造型是一只展翅飞翔的燕子，"燕"还代表燕京（古代北京的称谓），其造型创意来自北京传统的沙燕风筝。妮妮把春天和喜悦带给人们，飞过之处播撒"祝你好运"的美好祝福。

"五福娃"具有浓郁的中国特色，表现了我国多民族大家庭的文化特点，蕴含了中华民族对人与自然和谐相处的认识，天地万物相互依存、共生共荣的基本思想。中国传统文化在现代社会中大放异彩，是北京市文化精品中的重要的代表作品。中国传统文化在艺术设计大师们的手中重新焕发出迷人的色彩，创新和创意起到了无可替代的作用，因此说精品文化的产生，既离不开丰厚的传统文化资源，也离不开艺术家的创新理念和设计实力。

案例：大型视觉艺术展览

中国美术馆建馆五十周年，诸多"镇馆之宝"悉数亮相于"与时代同行——中国美术馆建馆50周年藏品大展"。包括徐悲鸿的《战马》、蒋兆和的《流民图》、罗中立的《父亲》等传世佳作。此展览共展出作品666件，涵盖中国画、油画、版画、雕塑、连环画、年画、漫画、宣传画、水彩画、装置、综合绘画等各门类。同时，展览还辅以珍贵美术书刊和美术大事年表，立体呈现20世纪中国美术发展的历史情境。

中国美术馆在相当长时间内成为中国艺术界的风向标，不过随着多元艺术格局的兴起，中国当代艺术的繁荣，尤其是市场对于艺术主导力量被放大到最大的当下，中国美术馆的发展一度被质疑"仅仅只是展览馆，而不是真正的美术博物馆""保守""体制内美术的江湖""反当代文化精神"。针对社会上此类观点，中国美术馆秉持开放的姿态，在国际化视野的前提下，接受包容当代艺术、接受不同的流派与思潮，举办了形式多样的如"交互视像——海峡两岸当代艺术展""图与词：马格利特以来""维尔纳·贝格——从表现主义到波普艺术"等一系列精品艺术展览。

（二）新兴科学技术与视觉艺术和设计文化的结合与再造产生出更多的文化精品

事实上，当今的时代已进入了一个以视觉图像为中心的时代，电影、电视、摄影、绘画、雕塑、建筑、广告、设计、动漫、游戏、多媒体等正在互为 激荡汇流。北京市之所以不断地涌现出一大批优秀的文化精品都得益于现代科技手段的大力支持与再造。北京市，不仅是中国的政治中心，还是各种科学技术交汇的地方，更是文化之都和娱乐之都。各种因素的相互交融，特别是新兴网络计算机和数码技术的产生和应用，衍生出新的视觉艺术形式和设计理念，诞生出一批又一批的文化精品。

面对计算机科技的迅猛发展，数码视觉艺术也在不断更新拓展，并以其交互性、普遍性、虚拟性、高科技性的几大特征，逐步成为现代视觉设计的一个主要组成部分。它最大限度地扩展了视觉设计艺术在未来的实践领域。当今社会的信息化程度正在以指数的形式不断加快和加深。数码艺术已经开始全面渗入到各种媒体和各种信息服务行业中，这些媒体包括数字化的图像、动画、影视、多媒体和互联网等。数字技术和文化内容的结合正在形成一个更为

庞大的数字内容产业。如今，数码艺术已经在被越来越多的人所认识，其在艺术、信息服务、生活娱乐等行业产生的影响也是有目共睹的。随着技术的融合和发展，数码艺术将从概念走向现实。

影视动漫是这种新兴科技和文化下的最具典型意义的新品种，因此，我们选取北京的电影市场为例来分析一下当下北京市的视觉和设计类文化精品的发展情况。北京作为国内电影行业的中心，其规模不断壮大并日益显示出越来越旺盛的生命力，电影市场的繁荣带动了相关产业的发展，于是形成了一整套的链动效应，从首届北京国际电影季的资料上来看，334家中外电影机构、860多位业内外人士参与，日均进场3000人次，100家参展机构共达成256个合作意向，"电影洽商"签约总金额达27.94亿元，创下了中国电影节展历届交易额最高。

2015年1月5日，国家新闻出版广电总局公布了2014年年度的电影票房数据：2014年全国电影总票房296.39亿元，同比增长36.15%，其中，国产片票房161.55亿元，占总票房的54.51%。数据显示，我国国产影片在本土电影市场已经奠定了与美国好莱坞大片争夺票房霸主的竞争实力。

视觉艺术文化精品带来的经济效益越来越突出，其生命力也越来越旺盛，当前形势来看，国家政策讲究出精品，出效益，因此不论是在视觉艺术领域还是设计文化领域，新兴技术与文化的交流和影响已越来越突出和重要，二者结合得也将会越来越密切，视觉设计和科技的融合将会是现今社会不可逆转的情形。同样，在电影以外的行业里，如北京市的绘画、服装、摄影等很多设计领域也都出现了很多明显的类似这种现象的情形，新兴数字技术和电脑计算机的结合与发展，给视觉设计领域带来了新的生长机遇。这将是今后很长一段时间的生长现状。此外，受到国外和国际其他艺术流派和风格的影响，特别是后现代艺术样式的影响，经过新兴媒介的传播和影响，北京市在绘画、建筑、服饰等诸多视觉和设计领域出现了新的艺术样式和风格并日益充盈于平常人的日常生活中，也是显而易见的。新兴技术和媒介的应用以及和视觉设计的完美结合催生出了北京市艺术文化市场上的新的火花，精品文化以其星火燎原之势淹没于各个领域之中，发展势头越来越激昂。在此后相当长的一段时期都将会是这两种趋势合流占据主导地位。

案例：独立视觉艺术展览

北京独立艺术视觉展览多集中于中国当代视觉艺术的先锋前沿阵地的798艺术区以及各民营美术馆，如位于二十二院街的今日美术馆。这些独立展馆中的独立艺术展更多地为北京视觉艺术的发展提供了更多的可能。

曾获得奥斯卡"最佳艺术指导"奖的叶锦添曾与今日美术馆以"寂静·幻象"为主题开办在首次北京个展。与其说这是一个叶锦添的艺术展，不如说他在借助当代艺术的种种表现手段创造一个神奇梦幻的戏剧舞台，讲述一系列令人思考的故事。占据今日美术馆三层空间的作品无不演绎着"叶锦添式"的艺术语言流变过程，你会发觉，这位在舞台布景及服装设计公认的天才人士一直在关心着生活中的诸多细节，而这些则共同构建成"叶锦添美学"的一系列符号。今日美术馆的主展厅被叶锦添包裹成一个巨大的"黑盒子"。黑色空间具有巨大的凝聚效果，"把人们带到寂静，黑色的时空很容易令人想到出生之前的久远世界。"在这里，唯一的灯光指向体量巨大的装置作品《浮叶》，那是一个取材于远古时代的瞬间，肢体背负着巨大的叶片，不知跑向何方。与之呼应的投影中，是不断变换的雨意淋漓的图像。"我营造一片梦境，那是存在于甚至所有生命体诞生之前的情景。你可以想到原始的丛林，树影和风，这种洪荒世界里的神秘图像一直在吸引着我，它构成循环不

息的诗，而又在叙述着异种同源、殊途同归以及生命过程中宿命的味道。"远古的梦境成为叶锦添艺术展的基调，而观众将从梦的开始，沿着美术馆三层空间慢慢走向梦境以外的地方。叶锦添强调了装置作品对人们视觉的"占有"，他同时赋予《浮叶》以超级的体量。"叶子其实是没有大小的。可是我把它放大到这样不可忽视的位置，是在提问人与树叶的关系，也在暗示着对循环不死之物的兴趣。"展览中最大的雕塑是名叫《夔》的独腿怪物，占有空间约24立方米。叶锦添表示它所描述的是一个黑暗中的舞者，讲一个有关诱惑的故事。在雕塑周围，叶锦添还设计了影像装置"在树影间闪烁的太阳"，据悉这是他在拍摄《赤壁》过程中在西陵旁边取景时偶然拍到的。展览中最惹人喜爱的作品则是叶锦添为周大福设计的一款用钻石做造型的龙形首饰《睡龙吟》。此次展览摄影作品最多。观众可以发现，在众多影片中"大施手笔"的叶锦添在生活中却喜欢把焦点对在一些琐碎的事物上。比如酒店天花板上的防火喷头、从猫眼里望去的楼道、扔在野外的沙发和旁边的狗、因为美食需求而即将被杀的鱼等等。在作品布置上，叶锦添选择了"巴黎、北京""巴厘岛、河北"等两两一对的照片摆放等。

（三）各种创新艺术区的出现给视觉和设计艺术文化精品提供了丰厚的沃土

北京市视觉艺术和设计艺术的成长和发展离不开国家和政府的大力支持和帮助，并且这种情况将会持久地进行下去，精品文化市场的诞生离不开社会大环境，北京市凭借其独特的优势鼓励和发展起来一批又一批的艺术文化创新区，给其创造了优越的生长环境和注入了大量的新鲜的血液。艺术区的成立带动了视觉和设计艺术精品的产生，尤其是以798艺术区和宋庄等艺术区为代表的集聚效应，其力量和作用更是不言而喻的。近些年来，在北京市政府和社会各界的广泛支持和关注下，北京798艺术区逐渐成为北京市的首批文化创意产业集聚地。

随着中国艺术品市场的快速发展，面向市场的创作与交易日趋频繁，产业聚集效应开始在全国范围内显现出来，并逐步形成了若干艺术品生产与交易的中心。这些中心内部云集了大批艺术家工作室、画廊、设计公司、展示公司等商业企业与艺术机构，创作气氛活跃，中外游客云集，交易量巨大，产生了广泛的社会影响。作为艺术区里的重要组成部分的视觉艺术和设计艺术也随着大环境的支持进入"黄金时代"，艺术创意区给他们的成长和发展提供了丰厚沃土，滋养了他们的成长壮大。就北京798艺术区来看，798汇集了许多艺术家，它独特的原创建筑与艺术氛围吸引了国内外众多对艺术爱好者前来，画廊也纷纷入驻。

北京市另一个重要的文化创意产业聚集区便是宋庄。从1993年开始陆续有艺术家搬到宋庄租房。1995年10月，北京圆明园画家村解散后，部分艺术家搬迁到宋庄。到2006年规模已经达到1000人左右，宋庄开始被称为"画家村"，成为中国最大的一个原创艺术家聚居群落。由原来的单纯由艺术家居住，逐渐发展成为艺术家、画廊、批评家和经纪人等共同形成的艺术聚集。[1]

艺术区的聚集和成立，带来了大批艺术家和新的创作理念，因此产生了大量的视觉设计类文化的精品，并形成席卷北京甚至是全国范围内的新的艺术风格和潮流的出现。艺术区的文化因子散落于各个角落和领域，在建筑、绘画、服饰、影视等众多视觉和设计领域涌现出大批的文化创意精品来，文化精品带来的效益又反哺于艺术创新区，二者形成良好的双赢模式，如今也是当今北京视觉艺术和设计文化创作的现实状态。

诚然，北京市作为全国最具得天优势地方之一，其视觉艺术和设

---

1 海鹏：《鸡飞蛋打？北京艺术区的生存现状初探》，《AMRC艺术市场周报》，2012年11月。

计类文化精品的创作也越来越走向正轨和取得良好的成绩，其产业规模也呈现加速发展的态势并且逐步成为北京经济发展的重要的，活跃的、最具增长潜质的艺术门类之一。但纵观整体趋势来看，北京市的视觉艺术和设计艺术文化精品的打造仍然有许多不足和欠缺的地方，也存在许多问题需要改进和解决，这些问题如果不及时纠正和改善，势必会影响以后的发展和成长，这些是当今北京市视觉艺术和设计艺术类文化产品所面临的不能忽视的问题和现状。

案例：国外来京精品视觉展览

近年来，国外精品艺术展逐步走进中国、走进北京，不但为北京的精品视觉设计、展览带来的新鲜的血液，更与本土文化文化碰撞出了新的火花。例如中央美术学院美术馆举办的"安迪·沃霍尔 十五分钟的永恒"回顾展、"社会雕塑——博伊斯在中国"展览等，这些国外精品视觉展览可以让市民足不出户便能欣赏到世界顶级博物馆的珍贵藏品，对于北京本土的艺术精品创作更是有重大意义。

"每个人都能当上15分钟的名人"，这是波普艺术大师安迪·沃霍尔的哲学，但以其对当今艺术的巨大影响而言，他自己的15分钟还远未结束，尽管他已经离开这个世界26年了。"安迪·沃霍尔 十五分钟的永恒"回顾展于中央美术学院美术馆举办，展览以沃霍尔的生平纪年为线索，提供了一个迷人而深刻的视角，将呈现安迪·沃霍尔各个创作时期的艺术作品及艺术创作的档案共101组，包括绘画、摄影、丝网印刷、素描以及雕塑等各类形式的作品，以及书信、手稿、创作灵感的来源资料等，其中，为人们提及最多的包括《玛丽莲·梦露》《金宝罐头汤》《可乐樽》《电椅》等。安迪·沃霍尔的作品充满了流行文化、创新和美国梦。希望观众在展览中，如王璜生馆长在前言中所言："得以切实懂得一个'真正的'安迪·沃霍尔。"或者在他的《金宝罐头汤》作品前想起他的另一条哲学："我要成为一台机器"。

　　央美美术馆还推出了"社会雕塑——博伊斯在中国"展览。作为20世纪后半叶最重要的西方艺术家之一，在世界乃至中国有着非常持久的影响和艺术史价值，甚至可以说博伊斯是整个20世纪最为重要的艺术家之一也不为过，他超越了杜尚而成为二战之后艺术转型的关键人物和代表人物。博伊斯的出现和意义在于他出现在特殊的20世纪60年代这一个时代大环境里，它既承接二战的欧洲创伤，又下续冷战的社会风云，因此愈加显示出博伊斯对社会政治文化反思的立场和社会责任。因此，博伊斯提出的艺术观念以及从事的艺术实践，都处处显示了时代的特征，以及欧洲社会政治文化的新方式。也正因为如此，博伊斯才显示了他在人类历史上作为伟大艺术家的地位和身份，也因此在国际上产生了广泛的影响，这种影响一直远播到中国，影响了中国的一大批当代艺术家。但我们对博伊斯仍然留有很多并未清晰的地方。这就是，博伊斯何以出现、何以成为一个当代艺术史的公共话题和一个经典的艺术实践。特别是在21世纪，作为经典的博伊斯又重新进入人们观察的视野，对此的反思带来新的视角和观照，而对于发展中的中国当代艺术，我们如果不能在理解博伊斯的基础上超越博伊斯，则无法确证中国当代艺术的独立性和时代性，也无以显示中国当代艺术家观察、反映、思考当下世界的能动性和创造性。所以，本次由中国策展人与学者独立策划、组织并实施的"社会雕塑——博伊斯在中国"，即是本着中国的当代视角来认识、研究并解说博伊斯，也因此再思考我们的艺术史话语和我们的艺术实践。其意义将具有前瞻的超越性和中国当下的先锋性。历史是观照中走向前方的，而中国的当代艺术只有展望了全球的文化视野，我们才会真正地创造与创新自己的艺术与文化。博伊斯将是这一抱负的起点。配合该重要展览将举办系列学术讲座，围绕博伊斯的艺术、历史影响以及与中国艺术的关系和影响

展开深入的研讨，使博伊斯的艺术和学术问题得到深入研究和探讨，促进中国当代对西方艺术的研究，确立博伊斯研究在中国的一个新的里程碑。

综上所述，北京市的视觉艺术与设计艺术类文化精品的发展情况大体上还是取得了令人满意的成绩，新的视觉艺术和设计类艺术形式层出不穷，文化精品业枝繁叶茂，虽然个别地方还有待于加强和改善，但其总体发展势头还是良好的，对于改善北京市人民的精神生活有着不可忽视的作用对于北京市经济发展水平的提高也起到了很好的作用。优秀的文化精品，丰富了北京市的文化市场和产业结构，尤其是现在北京市深受国家的大政策的指引和指导，支持和鼓励此类艺术文化的发展，因此在不久的将来，北京市的视觉艺术和设计艺术领域一定会再次迎来温暖的春天，焕发出新的勃勃生机。北京市就会出现更多的视觉艺术类和设计类的文化精品，出现更多的机构企业和新兴创新区。北京市视觉艺术和设计艺术文化精品的生存发展现状应当给全国其他省市树立一个良好的榜样和发挥指向标的作用。

二、表演艺术类文化精品的创作现状

新中国成立后，生活、文化、政治都随之开始了举世瞩目的变化。作为新中国政治、文化、经济的中心，首都北京方方面面，都在经历着深刻的发展与变革。这些令人振奋、催人奋进的新生活，激励着艺术创作者们跃跃欲试去真诚地拥抱、歌颂新生活。

根据北京市场的具体情况，我们可以把活跃在北京的表演艺术分为曲艺、歌舞、音乐三大类，均是通过一定的物质媒介（音响、人体等）来直接塑造形象、表现人的情感、传达情绪等，从而间接反映社会生活的一类艺术总称。北京表演艺术的发展在延续传统演出产品结构形态的基础上，出现了一些新的特征，这些新特征既是源于表演艺术内部的艺术发展与变革，也是消费者日益增长的文化消费需求所促成。其中，舞蹈先于所有其他艺术形式，因为它采取的不是什么器具，而是每个人永远携有的。诚然，对肢体语言等舞蹈专业的严格要求是舞蹈艺术所必需的。但是，如果一味强调和维护舞蹈本体的艺术特色，而拒绝与非舞蹈圈艺术和文化进行必要的信息交流与沟通，那么舞蹈艺术自身的提高、发展与完善就无法真正实现。"所有的艺术都是相通的"这一美学原理，不仅适用于艺术欣赏和艺术批评，而且在艺术创造与艺术教育领域也同样有效。而同时因为曲艺、音乐等表演艺术市场的扩大，也深深影响到整体的表演艺术产业长远发展，亦会促进舞蹈演出市场的繁荣。

以2012年为例，则可看出北京市等超级大都市表演艺术类演出现状。当年全国（不包括港、澳、台地区）专业剧场演出总场次约为351000场。这个数字看似不少，但我国有280多个地级市，再加上四个直辖市，平均每个城市约1200场，每天只有3.3场演出供市民选择。在这个数字中，北京、上海、广州、深圳、长沙、重庆的演出繁荣城市应该占据总数的一半左右，其他省会城市又占剩下一半的一多半。倘若从年度观众总人次、年度票房总收入来看，均不及央视除夕春节晚会、海外大片电影上线等数据统计结果。可以得出全国总体表演艺术类演出并不是特别繁荣，而北京在其中已经算是不错的了。

根据国家大剧院数据统计（2007至2013年）为例：

商业演出场次：

2013年907场；2012年921场；2011年888场；2010年921场；2009年733场；2008年700场。

以下为大剧院2013年请进来、走出去、文化交流合作的情况。

请进来。2013年涉外及涉港澳台演出268场，占院内商业演出场次的31.2%。截至2013年，参演团体和艺术家涉及58个国家和地区。

走出去。2013年赴4个国家和地区举办国际巡演。

文化交流合作。2013年，国家大剧院与加拿大国家艺术中心、土耳其歌剧芭蕾总局、白俄罗斯模范歌剧舞剧大剧院、首尔爱乐乐团等4家艺术机构签署《战略合作伙伴协议》，目前已累计18家。2013年，在第五届世界歌剧发展论坛上，国家大剧院与3家艺术机构签署《世界歌剧发展论坛共同宣言》，目前已累计45家。截至2013年，与113个国家驻华使馆建立了文化交流合作。

在自制剧方面。2008年至2013年，国家大剧院制作了26部歌剧，院内演出场次总计272场，巡演场次共10场。以2013年为例，新制作剧目7部，观众约13.3万人次，院内演出115场，国内及国际巡演27场。

可以看出，逐年增长的势头良好，不断扩大文化精品的展演地域。

分析北京各类演出具体数据可以看出：在国内演出的舞蹈各种形式，包括芭蕾舞、民族舞、现代舞等纯舞蹈种类，属于艺术程式化最高、普通观众最不容易看懂的舞台表演形式，因此演出场次和观众人次排在最后不算意外。曲艺杂技艺术的根在百人左右的小剧场，业内超级巨星极少，因此场次虽然多，观众人次和票房并不会太高。戏剧演出有着稳定的观众群体，在北京人艺、国家大剧院戏剧场上演的许多话剧、戏曲演出无法搬到2000人以上的大剧场。因此戏剧演出的火而不爆、红而不紫是符合戏剧表演现状的。音乐类演出能够高居票房之首，其主要贡献应该是来自在剧场中举办的各种演唱会。流行歌星令人目眩的票贩号召力，是戏剧名角和相声笑星难以企及的。需要指出的是，无论是流行演唱会还是古典音乐会，其制作成本比其他舞台演出的制作成本要高出许多，票价往往也更贵。少儿演出比古典音乐会更需要政府扶持。

1949年至1966年的17年间，舞蹈艺术正是以这条红线贯穿始终的。"文革"期间，首都整体艺术发展凋敝，舞蹈创作同样经历了一场浩劫。1978年，随着改革开放的政策调整，思想解放、经济复苏之后带来艺术的空前繁荣，舞蹈艺术也出现了前所未有的百花齐放状态。纵观六十年来北京舞蹈艺术发展，专业舞蹈、群众舞蹈创作领域涌现出大批拨动人们心弦的优秀作品。

在经济高速发展的推动下，在宽松的文化环境下，北京舞蹈事业呈现了普遍繁荣局面：一是北京舞蹈更为个性多元的发展，极大地丰富了舞蹈艺术的舞台，并强化和巩固了北京在业界的引领地位。二是北京以一个更加开放的国际大都市形象日益自信地走向国际舞台。三是北京舞蹈的普及性发展，尤其是校园舞蹈与群众舞蹈的发展引人瞩目。四是北京舞蹈市场在经济发展背景下有了长足发展。

戏曲是中国传统的也是最重要的表演艺术样式，一直在国内剧场演出中占据最大份额，更在广大农村地区舞台艺术演出中占据绝对优势。尽管20世纪90年代以来，戏曲在整体上陷入全行业的低潮，但正由于它拥有广泛的观众基础与本土的文化优势，在新世纪演艺行业的复苏进程中，戏曲行业最早显现拐点，成长的势头相当明显。如果可以把北京剧团的演出场次看成戏曲受观众认可的主要指标，那么我们就可以清楚地看到，不同剧种受欢迎的程度是不一样的。

北京的艺术发展，在这个16410平方千米的土地上，不同的艺术形式共生发展，既有代表中国当代视觉艺术的先锋前沿阵地的798艺术区，也有表演艺术的国际化交流演出平台和亚洲最为活跃、成交量最高的艺术品市场。可以说，北京的艺术发展，体现出这样一种交融，即在东方传统文化精神的影响下，在大跨度地吸收世界民族艺术的审美观念及创造性表现能力的态势下，在全球化、多元化、生态化及其价值认识多重化的取向中，不断回归对艺术本

体的体认。[2]

北京的表演艺术的发展在延续传统演出产品结构形态的基础上，出现了一些新的特征，这些新特征既是源于表演艺术内部的艺术发展与变革，也是消费者日益增长的文化消费需求所促成的。

2012年，市文化局在市委市政府和市委宣传部的领导下，采取政府邀标、委约创作和市区合作等模式，推动中央及部队在京文艺创作机构、国家大剧院、北京人艺和市属院团及民营院团创作了50多部反映原创的、当代的、北京的剧目。9月，精选了其中的36部优秀剧目，举办了"颂扬北京精神 讴歌伟大时代——2012年北京市优秀剧目展演"，共演出72场。11月，又优中选优，选择了其中的15部更为优秀的剧目经过多次修改、打磨、提炼，举办了"庆祝党的十八大胜利召开，北京金秋优秀剧目汇报演出"共演出30场。以"北京精神"为主题，组织了为期一年的群众业余文艺团队大汇演，演出达1万场，370多家群众文艺团体、700多项群众艺术精品、10余万名业余群众文化参与者走上舞台，1200多万名群众近距离感受到文艺魅力。文化服务基础设施建设达到全国领先水平。全市四级公共文化设施平均覆盖率达到了98%，市、区县两级覆盖率100%。公益惠民演出数量和范围不断扩大，今年全市已有400多家专业和业余文艺团体参加"万场演出下基层"活动，已演出11000多场，1800万人次群众受益。在文艺演出方面，全市各类演出剧场数量已达81家，艺术表演团体达530家，演出经纪机构1363家，约占全国演出经纪机构总数的一半。[3]

2011年，首都公共文化服务设施建有率大幅提升。公共文化服务设施覆盖率达到98.21%；公共图书馆计算机信息服务网络覆盖

2 金元浦主编：《北京：走向世界城市——北京建设世界城市发展战略研究》，北京科学技术出版社，2010年，第261页。
3 北京市文化局官网http://www.bjwh.gov.cn/34/2013_2_4/3_34_77823_0_0_1359962056078.html。

全市；首图二期工程和北京市文化活动中心项目稳步推进；文化服务基础设施建设达到全国领先水平。二是实施文化惠民工程，造福社会。全年，共完成公益惠民演出13282场，其中"周末场演出计划"演出714场，"百姓周末大舞台"演出230场，农村"文艺演出星火工程"演出11748场，"民族艺术进校园"演出590场；在春节等传统节日和特殊节点，开展各类群众文化活动346项。[4]

2010年，全年办理行政许可事项受理数共计2133项，与2009年同期相比增长了33.7%。其中演出活动申请事项606件，比上年增长13.5%；批准设立营业性演出经纪机构230家，比上年减少3.8%；受理申请设立网络文化经营单位199个，比上年减少2.9%。抓好"四大艺术品牌活动"。在继续扶持"北京国际戏剧舞蹈演出季""北京国际音乐节""大学生戏剧节""北京国际青年戏剧节"的基础上，认真调研其存在的问题，努力寻找新的突破点，不断完善扶持办法，形成长效保障机制，力争为今后"一季三节"健康、持续的发展做好方向性引导和政策性扶持。"第八届北京国际戏剧舞蹈演出季"上演剧目19台，其中国外7台、港台2台、内地剧目10台；"北京国际音乐节"上演剧目21台，其中国外10台、中外合作6台、国内5台；"大学生戏剧节"上演剧目15台；"北京国际青年戏剧节"上演剧目35台，其中国外4台、港台4台。[5]

（一）北京演出市场体量呈现明显增长趋势，多种表演艺术门类演出协同发展

近几年来，北京逐步加大了对演出市场和演出观众的培育力度，通过发展表演艺术推动文化创意产业的发展和北京城市软实力的建议，在这一背景下，演出产品的需求和供应出现同步的大幅增长。表

4 北京市文化局官网：http://www.bjwh.gov.cn/34/2012_1_17/3_34_65243_0_0_1326792017656.html。

5 北京市文化局官网：http://www.bjwh.gov.cn/34/2011_1_20/3_34_56744_0_0_1295487177859.html。

建造世界精品殿堂

演艺术不再是束之高阁的"小众文化",而是广大群众日常文化需求的一部分。这种满足多样文化需求、不同艺术部类的协同发展的态势是由市场引导与政府公共文化服务体系共建的结果。

除了体量上的增长,从演出产品所属的艺术门类来看,北京市场上演出产品的供应也呈现出多元化的趋势。一方面,近几年,北京的音乐、话剧、歌舞等演出产品的数量有明显上升。从2005年到2009年,北京的音乐类演出场数从320场上升到1393场,话剧、儿童剧从1221场上升到3818场,北京的音乐、话剧市场呈现出了前所未有的繁荣景象,小剧场运动方兴未艾,专业剧场的演出收入明显增加。另一方面,作为城市公共文化服务体系建设的组成部分,北京市政府对剧团到郊区县剧场演出实行政府补贴政策,并拉开补贴档次,吸引了众多剧院团的参与。一些剧院团开拓思路,积极提高演出水平及剧目观赏性,专门为周末场演出量身定做节目。此外,政府还推出"周末剧场演出计划",倡导低票价演出场次的增多,使观众看到了"低价高质"的演出,社会效益好,受到了广泛的赞誉,也对北京演出市场的繁荣起到了积极作用。其中,"周末场演出计划"在北京周边10个郊区县开展,共演出674场,观众近37万人次。

(二)北京演出产业与其他产业跨界融合,会展旅游演出市场繁荣

当代文化发展的一大趋势是不同文化形式之间的越界扩容,相互渗透。无论是演出市场还是表演艺术本身亦是如此。这种交融发展强化了演出产业对社会、经济、文化发展的推动作用,使得演出业所具有的乘数效应得到明显提升。

演出与会展、旅游结合,为北京这座古老而又现代的城市共同打造了一道亮丽的文化名片。据统计,北京演出市场上以旅游观众为主,节目相对固定的14家主要旅游剧场(万盛剧场、欢乐谷剧

场、恭王府大戏楼、大观园戏楼、湖广会馆、天桥乐茶园、梨园剧场、天地剧场、朝阳剧场、市工人俱乐部、崇文区工人文化馆、老舍茶馆、北京之夜剧场、北京天龙源温泉剧场）2009年共演出6820场，占北京2009年全年演出总场次的41%；演出收入11508万元，占全年总收入的12.33%，比2008年增加4671.3万元；观众人数220万人次，比2008年观众人数187万人次上升17%。由此可见，无论是从消费者数量还是演出收入来看，旅游演出市场都在北京的演出业整体发展中起到了十分重要的作用，在为旅客提供丰富的产品，满足会展业、旅游业发展需求的同时，也获得了较好的经济收入，带动了周边文化、经济发展。

（三）北京标志性文化活动形成品牌效应，国际影响力提升

近年来，北京本土的标志性文化演出活动越来越成熟，渐具国际影响力，品牌效应逐渐展现。经过多年打造，北京已形成了几个具有北京城市文化特点、吸引高水平艺术团体和群众参与的文化活动，并吸引了越来越多的国外文艺团体，国际影响力日渐扩大。从2000年开始的"相约北京"国际艺术节，截至2009年已经连续举办了九届，每届有演出150场，其演出内容涵盖了戏剧、舞蹈以及音乐。通过几年的积累，作为中国国家级大型综合国际艺术节和亚洲地区最大的春季艺术节，"相约北京"已形成了具有一定影响力的艺术品牌，获得了国内外艺术界的认可。"北京国际音乐节"始于1998年，每年九、十月举办。经过多年打磨，已经跻身于世界最高水平音乐节的行列。音乐节将多种不同性质的音乐元素结合在一起，使东西方文化在整体上达到契合，形成有别于其他音乐节的特有艺术风格。于2003年开始的北京国际戏剧演出季在每年四、五月进行，现已成为国际戏剧交流的重要平台。北京国际舞蹈演出季始自2003年，每年岁末年初进行，中外风格的融合，古典现代的交汇，为北京岁末的文化生活增添了耀眼的光彩。此外，已经举办

了11年的"北京新年音乐会"每年都邀请国际指挥大师及著名歌唱家、演奏家参加,已经发展成为国际瞩目的音乐盛事。

在今后五年内,北京表演艺术市场面临巨大的发展机遇,一方面已有的演出活动品牌将得到巩固加强,国内国际知名度更高,社会影响更大;与此同时,还将涌现一批新的演出活动品牌,提升北京文艺演出的国际化水平。

(四)北京国际文化交流活动日益频繁,演出产品"引进来"与"走出去"共同发展

文化交流和文化贸易状况是衡量一个城市或地区文化发展国际化程度的重要标准。自2005以来,北京市在响应国家演出产品"走出去"战略的指导下,文化交流与文化贸易同步推进,演出产品走出国门的数量不仅有所增加,而且质量也有所提高,出现一些能吸引世界目光的代表性产品。

纵观北京的演出市场的发展,已经逐步呈现出点、线、面结合发展的趋势。总之,面对日益突起、不断繁荣的表演艺术市场,无论是艺术家还是演出行业的经营人员都应该突破旧的演出模式和经营思路,解放思想,使北京的演出作品和演出市场向更开放、更自由、更国际化、更平民化方向转变,为繁荣首都文化作更大的贡献。[6]

此外,北京的表演艺术发展的过程也是表演团体和演出经营机构发展的过程。近年来,北京一部分社会力量兴办的艺术表演团体和演出经纪机构成为品牌团体和品牌机构,享有了较高的知名度。同时,通过体制改革与资源整合,以北京儿童艺术剧院股份制有限公司、保利集团为代表的一批有较强实力的艺术表演团体、营业性演出场所和演出经纪机构的成长,将为北京的表演艺术发展注入新

---

6 金元浦主编:《北京:走向世界城市——北京建设世界城市发展战略研究》,北京科学技术出版社,2010年,第270-272页。

的活力。近年来北京兴建了一大批现代化剧院。演出公司、演出制作从业者、演员、艺术家们也都为大众能够走进剧院做了许多努力，但是质量上乘、贴近大众的演出很难改变一个城市的生活习惯传统。

表演性是综合艺术的中心环节。戏剧、戏曲、电影、电视剧都属于表演艺术，表演性是它们最突出的审美特征。

北京市表演艺术类文化精品属于传统文化产业。与其他省市相比，北京市其历史悠久、积淀深厚、资源丰富、规模较大、人才荟萃、市场规范、消费较旺、发展成熟，在北京文化产业各行业中占有重要地位，是全国最繁荣、规范的演出市场之一。无论从北京演出业的雄厚基础，还是从北京建设发展的需要，或是从表演艺术演出业的属性与性质来看，应当而且有条件作为北京重点发展的文化产业，北京一定要建设成为全国的文艺表演演出中心。

在各省市之中，北京作为全国的首都，演出市场主体最为密集，演出活动最为频繁。2014年度，在京注册的演出机构、文艺表演团体（含中央直属）在全国各省市组织参与各类演出活动共计5076场，观众人数588万人次，票房收入10亿元。2014年，北京市各类营业性演出场次共计24595场；观众人数共计1012万人次；演出票房共计14.95亿元（数据来源：苏桂霞《从北京看中国：2014年北京市演出市场统计与分析》）。

外省市专业艺术表演团体把晋京演出视为"水平"达到一定层次的标志，纷纷来京演出。外国重要的演出团体来华演出，北京是必到之地和首选之地。

北京每年演出超过10000场，多时曾达到15000余场；2006年，仅市文化局审批的涉外演出就达到7865场。加之，北京每年定期举办的三大国际演出季，使北京的演出市场繁荣而拥挤。

新时期以来，北京表演艺术精品演出市场发生了明显变化。

建造世界精品殿堂

其一，社会的发展使人们消闲娱乐的方式大大增加，如旅游、健身、游艺、娱乐、探险、采摘、参观、交际、收藏等；文艺呈现总体繁荣，使人们欣赏演出有了多种选择，如电视艺术、时装表演、群众文艺表演等；科技进步使舞台表演艺术的传播手段更为丰富、先进，如光盘、录像、电视、互联网等，欣赏文艺演出有了更多的途径和渠道。因此，到剧场观看舞台表演已不再是文化消费的主流形式。

其二，改革开放后，演出市场呈现出多层次、多种类的显著特点。在漫长的岁月里，艺术表演团体的演出方式单一——主要是在正规的剧场或露天演出场所、临时搭建的场地进行；演出功能单纯——只是满足人们的欣赏要求。改革开放、经济发展、社会进步给社会生活带来极其深刻的影响，使社会不仅对文化生活需求的数量增多、质量提高，而且呈现出文化生活需求目的性多样化发展趋势。文艺演出的潜在功能被人们重新认识和开发，发现它在经济活动、社会交往中具有其他形式无法替代的营造气氛、开展公关、扩大影响、带动其他的作用。由于人们赋予文艺演出更多的功能，改革开放以来北京演出市场发生了很大变化，呈现出多层次、多种类的显著特点。

其三，生活在信息社会的现代人审美趣味发生了巨大变化，对文艺演出业提出了新的要求。社会生活巨大而深刻的变化，必然引起人们审美趣味的变化。改革开放以来，我国社会生产力飞速发展，社会生活空前丰富，社会意识不断更新，社会审美需求发生了质的变化。当今世界进入了"信息爆炸"时代，人们接收的信息量以几何级数的速度迅速增长；现代科学技术可以跨越时空，将大量信息形象地、立体地以每秒30万公里的绝对速度传导给人们。在超大的信息量面前，人们认识事物的过程缩短，注意力转移加快，接收信息的选择性增强。现代人的这些变化必然影响人们的审美心理，并在欣赏艺术时表现出来。人们变得"喜新厌旧"了，对那些老腔、老调、老样子、老一套、老气横秋的演出敬而远之，对那些节奏缓慢、情节平淡、繁赘冗长的戏剧演出不耐烦；人们喜欢有各种不同艺术形式同台演出的综合性文艺晚会，爱看内容丰富、情节生动、故事曲折、矛盾交织、冲突强烈的戏剧，乐于欣赏运用现代科技手段丰富艺术表现力、营造舞台气氛、给人以新奇感观享受的演出。

其四，形成、积累了一批有影响的文化品牌。改革开放以来特别是近年来，北京演出业已拥有相当一批知名度较高的品牌。

演出剧目：如享誉国内外的芭蕾舞剧《大红灯笼高高挂》，舞剧《红楼梦》，歌舞《蔚蓝色的浪漫》《华彩唱风流》《再见吧，朋友》《秘境之旅》，现代舞《红与黑》；入选国家精品工程的京剧连台本戏《宰相刘罗锅》；儿童剧《红领巾》；话剧《万家灯火》；在全国引起极大反响的《千古名篇朗诵音乐会》，京剧《图兰朵》《梅兰芳》，杂技主题晚会《中华魂》，木偶剧《天鹅湖》，都市喜剧《托儿》；夺得世界杂技魔术顶尖大奖的《移形幻影·三变》《翔·软钢丝》《俏花旦·抖空竹》《十三人顶碗》等。

演出活动：如，每年12月31日在人民大会堂举办的北京新年音乐会、"相约北京"联欢活动、北京国际音乐节、北京国际戏剧演出季、北京国际舞蹈演出季、北京国际音乐演出季、"五一""十一"、春节三个长假期间的黄金周演出活动、暑期的"打开音乐之门"系列音乐普及演出活动等品牌演出活动贯穿全年。

演出团体：北京拥有的全国著名品牌演出团体，在各省市中首屈一指。国有艺术表演团体大家比较熟悉，恕不一一赘述；而女子十二乐坊、女子红樱束打击乐团等民营艺术表演团体，也已成为享誉海内外的著名艺术表演团体。

演出场所：保利剧院、长安大戏院、中山公园音乐堂以优良的

硬件条件和独特的管理经营理念、优异的经营业绩，成为闻名全国的专业演出场所。

演出经纪机构：中国对外演出公司、中国文化艺术有限公司、北京北奥大型文化体育活动有限责任公司、北京时代新纪元文化传播有限公司、北京希肯国际文化发展有限公司、北京嘉华丽音文化艺术有限公司、北京派格环球影视文化发展有限责任公司、保利文化艺术有限公司等演出经纪机构，在全国享有很高知名度。

三、影视艺术类文化精品的创作现状

影视文化是北京精品文化的重要组成部分，北京不仅是中国电影的发祥地，而且在新世纪以来电影产业化的大潮中已经连续六年蝉联全国城市票房冠军。北京市的影视文化创作类型丰富、佳作迭出，保持繁荣局面。既有《一代宗师》《一九四二》《飞越老人院》等文化思想性的影片，也有《人再囧途之泰囧》《十二生肖》《四大名捕》《大魔术师》《黄金大劫案》等商业影片赢得良好市场业绩[7]。北京市影视艺术类文化精品的创作主要有两大类：第一就是老北京文化，以城南文化为代表，如电视剧《大宅门》（2000年）、《五月槐花香》（2004年）、《人生几度秋凉》（2004年）、《正阳门下》（2013年）；第二是当代北京、都市北京文化，如电视剧《奋斗》（2006年）、《北京爱情故事》（2012年）、《北京青年》（2012年）等，这些都是最具北京特色的影视艺术作品。

在创作上，近年来北京影视文化呈现如下几个特点。

（一）城南"新"事与老北京文化

2009年，北京市《促进城市南部地区加快发展行动计划》正式

---

7 张夷非：《北京市2012年电影业发展观察》，《中国电影报》，2013年6月18日。

发布，一时间，北京"城南"再度成为热点问题。计划显示，总额达2900亿元的资金将在未来三年投向城南地区的交通、环境等基础设施，该计划将帮助城南走出发展缓慢的怪圈。[8]这次对于北京南城的重建，重点并不在旧有的崇文和宣武，而是拓展到大兴、房山和丰台，计划在三年内建设若干地铁线路和基础设施，将这些地区建设成为与北城比肩的现代化区域，而这些地区的房价也随之迅猛攀升。在现代化新城南被纳入规划的同时，另一传统的"老城南"项目也正在进行之中，2009年4月，崇文区和宣武区打破行政规划，以"北京城南文化"的统一形象申报"国家文化生态保护实验区"，要凸显城南以"皇城文化""民俗市井文化""民族宗教文化""士子文化""商贾文化""梨园文化""手工艺文化"等为标志的"城市文化形态"。[9]在此，这一"老"—"新"的双重行动再度显示出北京城南的特殊身份，它既作为现代化都市最为落后的版块，又作为现代化过程中连接和整合老北京传统与文化记忆的符号。

　　无论在文化身份还是地缘政治的意义上，北京城南无疑是一块极为特殊的区域。作为一种地理概念，它的历史可追溯到清朝，由于清朝实行"满汉分治"的民族政策，满族八旗占据了内城，地位低下的汉人只能居住在外城，也就是宣武门、前门、琉璃厂一带，所谓的"城南"最初也是指代这个地区。而在文化的意义上，随着进京待考的汉族士子逐渐聚集在城南，这一地区逐渐形成了以民俗文化、士子文化为代表的平民文化，换言之，形成了相对于"内城"贵族文化的北京底层文化。1960年，客居台湾的女作家林海音在其寄寓深情的小说《城南旧事》中描述了记忆中的北京。林海音对于北京的描述避开了北京作为新中国首都的身份，在一个小女孩（英子）的视点中，展

8　李剑英、于华鹏：《"城南计划"，北京经济新支点》，《北京商报》，2009年11月6日。

9《崇文宣武联保城南文化》，《新京报》，2009年4月22日。

建造世界精品殿堂

开了另一番诗化的"文化北京"想象。而"城南"正在这一描述中得以清晰浮现，它变成了一个怀旧的空间，有着悠远的老胡同，生锈的铁门环，石青色的门蹾儿，有着老北京中下层市民周而复始的无常际遇，以及小主人公无邪清透的目光。

1982年，著名导演吴贻弓将《城南旧事》搬上银幕，用诗化的电影语言重述了"文化北京"的故事。同年的另一部电影《骆驼祥子》（凌子风导1982年）选取了老舍的著作，以老北京底层市民生活为题材再度讲述了"文化北京"的故事。从此，北京城南成为代表北京文化最重要的符号。"城南象征着土著的北京、民间的北京、老北京。""城南的特色在于老，老而不朽，是历史的沧桑所赋予的一种美。"[10]与《城南旧事》所描述的"文化北京"同时出现的是京味文学、京味文化的涌现。京味文化进一步将北京的表述与民俗文化、市民文化联系在一起。在邓友梅的京味文学中，北京是一个充斥着清朝遗风的城市，这个城市不仅有那五式的"没落贵族"，更有城南琉璃厂的"古玩"（烟壶）这一穿越历史的文化产物。而在刘心武的《钟鼓楼》中，现代化城市北京被描述为以"卯辰巳午未"为时间标识，以老市民的家长里短和四合院为特征的传统空间。从此，城南文化、京味文化成为北京文化最重要的代表。

90年代中后期，清宫戏和古玩戏充斥着荧屏。前者以"清宫"、紫禁城作为空间想象，凸现并加强北京作为古老皇城的政治中心功能，并在隐喻中进行历史的寓言书写(如《日落紫禁城》《慈禧西行》《雍正王朝》《乾隆王朝》《康熙大帝》等)。后者则采用与清宫戏不同的另一组空间换喻：《琉璃厂传奇》（1998）、《大宅门》（2001）、《大栅栏》（2001）、《五月槐花香》（2004）、《人生几度秋凉》（2004）……在这些作品中，琉璃厂、大栅栏、天桥，进而言之——"城南"作为一个特殊符号不断

10《城南旧事》老北京网，2005年2月20日。

得到前推。尽管清宫戏毋庸置疑是以北京为空间的作品,但在此时的主流想象中已经不被纳入"京味"之中,真正符合人们"北京"想象的是后一序列,是关于琉璃厂、大栅栏、古玩和老字号的北京,"城南热"渐趋成形。肖复兴的《蓝调城南:老北京的记忆》[11],以及网文如"城南旧事:老北京原汁原味大栅栏""老北京城南轶事"等都在以"城南"唤起人们对"老北京"的怀旧。

　　从上面列举的电视剧不难看出,城南在北京书写中的突显首先与古玩热密切相关。在现实层面上,古玩热是彼时不可忽视的事实。1992年,劲松民间旧货市场首次星期拍卖会成为古玩市场化的"第一声炮响"。1993年北京民间艺术品旧货市场开始进行扩建,扩建后的"北京古玩城"一改以往欲言又止的"旧货"和"文物",堂而皇之地揭去了古玩走向市场的面纱。在1995年欧洲出版的中国旅游地图上,潘家园旧货市场已经作为一个醒目的景点被标识出来。年代之交,各地旧货市场纷纷更名为古玩城,古玩市场联谊会、中国古玩艺术品博览会举办,中国古玩商会成立,古玩的确成为市场上的一大亮点。作为对于现实的回应,电视台鉴宝节目热播,银幕的古玩戏也频频亮相。从央视二套的《鉴宝》引热全国荧屏之后,短短几年间,涌现了北京电视台的《天下收藏》、中国教育频道的《美术苑》、凤凰卫视的《投资收藏》、吉林卫视的《找你》、天津都市频道的《艺品藏拍》、湖南娱乐频道的《艺术玩家》、浙江经济生活频道的《宝藏》、昆明电视台的《盛世典藏》等十几档与"宝"有关的栏目。电视剧则有《琉璃厂传奇》《人生几度秋凉》《五月槐花香》《前门楼子九丈夫》《玉碎》等等。难怪世纪初的《中华工商时报》曾断言道:"中国大地继房产热、股票热之后有望形成古玩热。"[12]

11　肖复兴:《蓝调城南:老北京的记忆》,北京十月文艺出版社2006年9月)。

12　《中国古玩市场潜力大》,《中华工商时报》,2002年6月10日。

建造世界精品殿堂

90年代还出现了"四合院"故事。号称百集大型室内剧的《京都纪事》（1994）"折射改革开放都市巨变""呈现京城精英众生相"。[13]这部作品自始至终在一条"翰英街"上展开，这条街不仅历史悠久，并且兼具现代化的各种人群，一边是楚家古色古香的四合院，另一边则盘踞着林家精巧优雅的白色洋楼。《编辑部的故事》（1991）以一个编辑部的记者作为视点发出者，在这个视点中展现社会转型中的众生相，该杂志的名称"人间指南"便寄寓了这层含义。《皇城根》（1992）则通过四合院中一户人家两代人的不同际遇，展现出"传统"向"现代"的困惑与挣扎。1995年，作为《北京十记者社会纪实丛书》之一的报告文学《人虫》[14]（后改编为电视剧）展现了社会转型中"古玩虫""房虫""票虫""网虫"等"全景式"的群体，并引起了极大关注。在这部作品中，古玩开始脱离手工艺人的叙事脉络，进入到现代主体的"收藏"叙事之中，也就是说，古玩开始从"底层"手工艺人的活命手艺，变成了一掷千金的富人怀旧。在作者刘一达看来，写作这部作品是为了"眼看着北京的地域文化特色在都市化发展进程中面临着日渐消弭的危险，……一种抢救'京味儿'文化的使命感在他心中越来越迫切。"[15]刘一达这样表述他心目中的"京味"："'京味儿'文化分为三种：由皇亲贵戚形成的'皇家文化'，由外地入京做官、做买卖的人形成的'士大夫文化'以及由本地百姓形成的'胡同文化'。前两种文化随着时代的进步和社会的发展都逐渐消亡、散落，唯有'胡同文化'在其文化载体——平民群体的繁衍中相对完整地保存了下来，成为目前'京味儿'文化最醇厚与鲜明的代

13 见《京都纪事》VCD广告词，吉林省长白山音像出版社出品。

14 原作《人虫儿》1995年作为《北京十记者社会纪实丛书》之一由中国文联出版社出版发行。2000年改编为同名长篇电视剧。刘一达：《人虫儿》，中国文联出版社，1995年。

15 张薇：《刘一达：京味文化的"守望者"》，《中国艺术报》，2009年2月10日。

表。"[16]90年代中期的《东方商人》（1995）和《儒商》（1995）也属于古玩商战题材剧。两部电视剧都以城南大栅栏为背景，讲述老字号创业的历史。作为对于彼时儒学热的回应，二者都讲述了靠"儒"兴"商"的故事。在电视剧《人生几度秋凉》中，梁有德、周彝贵、吴德章作为"乱世儒商"的代表，而余旺财、董副官、马师爷则作为礼崩乐坏间的得势者。作者将金钱与道义的冲突转化为一个"善有善报，恶有恶报"的问题。

2009年，北京城市化建设进入新的阶段，一直被边缘化的城南地区开始成为极具潜力的经济生长点。这次对于北京城南的开发提出了"新城南"的概念。"新城南"不再指代以宣武和崇文为主体的城南地区，而是包括了房山、大兴等远郊区县的扩大的城南。对于新城南的开发将包括产业、民生、环境、交通等多个领域。如果说，这次对于城南地区的"改天换地"可能会大大触及人们对于北京的城市想象，并可能由此引发现代化和城市化进程的意识形态危机，那么，这一点显然已经被城市建设者纳入考量，与新城南建设齐头并进的是"新城南"合法性的建立，一种试图打破老城南区域限制的统一的"新城南"形象正在建构之中，作为举措之一，宣武和崇文已经联手以"北京城南文化"的姿态参选城市文化，而《城南行动计划》中"要求弘扬前门、大栅栏、琉璃厂的传统京味文化，推动城南地区文化"[17]也旨在缝合"新城南"和老北京的记忆。

（二）后宫剧与青春剧交相辉映

近些年，以《后宫·甄嬛传》为代表的后宫剧成为荧幕上最热映的电视剧。《后宫·甄嬛传》改编自"80后"网络女作家流潋紫的同名小说，这部小说自2006年在某知名文学网站连载后，受到网

---

16 张薇：《刘一达：京味文化的"守望者"》，《中国艺术报》，2009年2月10日。

17 《北京城南建设狂飙，2900亿元蛋糕谁来切分？》，《中华建筑报》，2009年11月21日。

民热捧，被誉为"后宫小说的巅峰之作"。如果联系到2010年播出的《宫心计》《美人心计》等后宫剧，以及2011年播出的《武则天秘史》《唐宫美人天下》等重新把武则天讲述为武媚娘宫斗、奋斗的故事。可以说，2011年是后宫题材从网络文学的"小圈子"蔓延到大众荧屏的标志之年，"宫斗"已然成为当下人们尤其是年轻人想象历史和言说现实处境的最佳隐喻。

从白领丽人的办公室政治到暗流涌动、杀机四伏的后宫，实现这种空间转换的方式就是"穿越"，或者借用网络文学的术语"架空"。如《宫》《步步惊心》就直接让现代女子"穿越"到康熙朝九子夺嫡的"现场"，并让阿哥们都爱上这位深谙后宫谋略的佳人。当下与历史可以无间地被"架空"，或者说充满现代意识的小女子无需挣扎、很快就对后宫世界的游戏规则了如指掌，就像一场身临其境、角色扮演的网络游戏。对于这些穿着古装的现代人来说，古代与现代没有本质差别，这种去历史化的想象方式建立在对20世纪中国现当代历史的"穿越""架空"之上。在这些成长于八九十年代的青年人看来，百年中国"风云激荡"的历史仿佛终结于80年代，历史在从当下"穿越"到古代的过程中被扁平化，从而在这种空洞的历史景片中上演格外剧烈的"宫斗"（政治权术）的大戏。

《后宫·甄嬛传》看起来是一个杜拉拉式的白领职场故事，只是相比杜拉拉的得与失，甄嬛所经历的却是如履薄冰的生死之战。如果说80年代作为历史的人质和牺牲品的个人笼罩着一种自由与解放的梦幻，那么在"深似海"的后宫中个人所能做出的选择只能是"臣服"和顺从。

甄嬛的幸福不仅仅是她有着相对显赫的出身、被选入宫的"姿色"以及讨得皇帝欢心的"机智"，其"得意"之处还在于她被废赶出宫外之后依然可以绝地反击、重获皇帝的宠幸，并玩弄雍正于股掌，最终贵为皇太后。也就是说，不管甄嬛变得多么坏，她仍旧支撑着这个时代小资产阶级、白领或屌丝最大的"梦幻"。在这个意义上，要紧的不是给年轻人创造更多的机会参与"逆袭"和宫斗，而是重新思考生命的价值、人生的意义这些最为基本和朴素的问题。

如果把《后宫·甄嬛传》放置在新世纪以来影视剧的背景中可以看出，从2001年至2005年热播的"泥腿子将军"的故事（以《激情燃烧的岁月》《历史的天空》《亮剑》为代表的新革命历史剧）到2006年至2010年"无名英雄"的故事（以《暗算》《潜伏》《悬崖》为代表的谍战剧），一种不按规矩出牌的草莽英雄变成了拥有信仰、坚守职责的职场白领的故事，而后宫剧则再次由职场故事升级为小心翼翼、步步为营的宫斗故事。或者说，从"不抛弃、不放弃"的许三多到甄嬛，一种个人奋斗的职场理念变成了必须放弃真爱、放弃友情的腹黑女。这是一种"世事洞明"，或许也是一种绝望后的悲凉。

与后宫剧几乎同时流行的是青春励志剧，其中最有名的就是赵宝刚执导的"青春三部曲"，即2007年《奋斗》、2009年《我的青春谁做主》和2012年下半年放映的《北京青年》。如果说《后宫·甄嬛传》《北京爱情故事》呈现了腹黑化后宫、职场中"逆袭"的成功与失败，那么《北京青年》中青年白领们没有宅在家里"装屌丝"，而是开始走出浮华的大都市，看到并体验之前在外企职场中"不可见"的生活和"风景"，因为《北京青年》中拥有公务员、医生、海归和富二代身份的兄弟四人要一起离开北京"重走一回青春"。尽管这部剧与之前的《奋斗》《我的青春谁做主》有着相似的主题："找回自我""我的青春我做主"，但是这种主动逃离稳定的体制内生活的举动本身也具有新的意义。离开体制的大哥何东做过餐厅服务员、海鲜市场管理员、快递工和劳工市场的小

包工头等体力劳动者，这些很少在"奋斗""创业"的场景中出现的都市打工者以这种方式与曾经衣食无忧的中产阶级"耦合"在一起，或者说，他们实实在在地过了一把"装屌丝"的瘾。

在影视剧创作中，除了老北京和当下北京作为北京文化的重要符号之外，还有一类北京文化记忆，就是如王朔的顽主小说以及冯小刚的京味喜剧电影，以及如《北平战与和》（2009年）等革命历史剧，这些也是北京文化的重要组成部分。

另外，2011年北京国际电影季（Beijing International Film Festival)成功举办，2012年改名为北京国际电影节，电影节旨在融汇国内国际电影资源、搭建展示交流交易平台。每年一届的国际电影节已经成为北京市建设世界城市的重点文化活动。电影节虽然只举办过三届，但交易量节节攀升。2012 年电影节创下了52.73 亿元交易额，2013年签约总额高达87.31亿元，增长了65.58%。目前，北京国际电影节已成为亚洲最大的国际电影交易市场，超过了亚洲仅有的两个A类电影节上海及日本，交易额紧追世界最大的戛纳电影节电影交易市场，即将成为世界最大的电影交易市场，目前国际电影制片人协会正在对其进行严格的考量认证工作，即将成为亚洲最具市场影响力的国际A类电影节。与此同时，北京市广电局还积极支持北京大学生电影节、青少年公益电影节、民族电影展等电影节活动。可以说，电影已经成为北京城市文化的国际名片。

四、建筑及城市时尚文化类精品的创作现状

当探讨城市文化的时候，城市其本身也应当作为一个衡量的尺度，包括城市建筑、城市空间、城市时尚在内的多重维度都代表了一个城市文化精品的内涵，而其所象征的该城市的现代化、时尚化、活性化及国际化水平更是通过城市建筑和城市空间表现出来。

随着城市和城市文化的不断变迁，人们不仅仅满足于当前社会

的物质需求，还需要满足精神需求。北京是中国的"四大古都"之一，历史悠久，到处是错综复杂而又充满活力的城市生活图景。本文着眼于当前北京市建筑及城市时尚文化类精品的创作现状，首先论述了导致北京市时尚文化精品类创作现状的背景；继而阐述北京市几大建筑及城市时尚文化类精品的创作现状，采用具体的案例分析结合北京市的具体情况；最后，就背景和当下现状提出了北京市建筑及城市时尚文化类精品的未来走向及定位。

（一）北京市时尚文化精品类创作背景

北京是中国"四大古都"之一，拥有6项世界遗产，是世界上拥有文化遗产项目数最多的城市，是一座有三千余年建城历史、八百六十余年建都史的历史文化名城，拥有众多历史名胜古迹和人文景观。

北京市历史悠久，因此，城市的复杂性有着深厚的历史积淀。在许多旧城区，直到今天仍能清楚地看见类似"清明上河图"中描绘的那种错综复杂而又充满活力的城市生活图景。事实上，旧城区的复杂性还不仅仅体现在空间形式与功能的混杂上，从土地权属、房屋水平，到居民阶层、户籍关系以及商服、就业、教育、医疗等等，各种社会经济因素旺旺都呈现出混合交织形态，彼此关联形成城市整体的复杂性。

目前北京居民对北京城市的见解上存在两种看法：一种是以矛盾性思维抵触性心理看待北京的城市，将北京看作是心目中的"世外桃源"和"西域异邦"；一种是将北京看成是景观化、机械化、装置化以及由时尚元素堆积起来的文化符号，对城市不加辨别地全盘吸收。北京这种建筑及城市的居民认识，自然而然地导致了建筑和城市时尚文化类精品的创作现状问题层出不穷。乡土曾经被描述成充盈、慷慨、生机、梦想、拯救之地；而都市则被建构和表述为匮乏、退化、失禁的汇集地。这些造成了人们对都市文化的拒斥。作为文化大都市

建造世界精品殿堂

的北京，建设应突破多重困境，包括国际性诉求与地方性背景的矛盾、生活均质化与审美多样化的矛盾、乡村文化传统与都市文化传统的矛盾、经济一体化与文化类型多元化的矛盾等。

从改革开放到进入新世纪以后，农业文明向工业文明开始转型。我国城市化进程进行得如火如荼，多角度、多层次、全方位地展开进程。城市—乡村的二元结构已经不能再束缚北京市的市民，他们已经从中脱离出来。思想不断地进步，不仅积极地参与到讨论都市文化，而切关注城市化进程本身以及这种进程会以何种方式来实现。应该在多种文化资源重组的基础上，重建北京精品文化的主体性。精品文化只是纯粹的精英文化，创作要以精英的方式创作但是受众群体并没有面向大众。不论阳春白雪还是下里巴人都要雅俗共享，北京市时尚文化类精品建设仅仅体现北京市生活的表象，表达出一小撮北京人独特的生存状态，没有重视新的北京美学模式的生成，即不以情感纽带为核心，没有由个人内心向外发散，个人的心理情感成为文化的中心。北京市时尚文化类精品建设只迎合市场需求，没有肩负起应有的历史使命，仅仅是把北京人的精神脉动提升到当前的市民需求进行解读，并没有寄托着文化的整个历史使命。北京文化类精品建设没有以前的诗意生活，变得枯燥单一化。

案例：798——城市时尚文化空间为北京注入新活力

其一，作为建筑的创意改造。现在被称为798艺术区的地方，以前更多地被称为718联合厂，聚集了797、718、798、706等几个工厂的厂区。我国第一颗原子弹和第一颗人造卫星的许多关键元件、重要零部件就于此生产，因此这里被称为新中国电子工业的摇篮。20世纪90年代以后，由于难以适应市场经济环境，产品不能适销对路，这里的工人大批下岗，各厂均出租部分闲置厂房以渡难关。

一些具有超前眼光的艺术家发现这片被埋没的宝地，那些包豪斯风格简洁明了的旧厂房，有着宽敞明亮的大空间，正适合他们进行艺术创作和艺术展览。稍加改造，这些破旧的厂房就成了艺术家聚会地，甚至一些荒废的旧管道被简单涂刷，被改造成了现成的展品。带有浓郁革命气氛的口号"毛主席万万岁"被保留下来，成为那个年代的见证。

798艺术区的艺术家们就建筑的改造总是力图符合自己的艺术作品，很多雕塑作品具有与旧厂房建筑相似的冰冷感，加上未加工的粗石地面，很自然让人融入建筑与艺术作品的气氛中，从而达到"艺术表达信仰"的目的。而随处可见的涂鸦，则表现了艺术家们自由自在的创作状态，同时这种对环境的非建筑操作手法，更容易让游客融入艺术的氛围中。

从建筑的角度说，艺术家对旧建筑的改造是成功的，他们的成功在于发现了这片在北京城市中被遗忘的历史，并积极改造它，以他们独特的艺术眼光及其自身的艺术影响力使辉煌过的建筑再度变为世人的焦点。从这一角度看，这种发现其实更是一种创意，不仅提供了一种建筑思路，而且提供了一种有效的商业方法，从而使人们清楚地看到老建筑在当今经济社会中所蕴含的巨大生命力。

其二，作为城市文化空间的艺术区。城市文化空间既是空间的一种组织形式，也是公共生活的一个必要组成部分。在城市文化空间发展过程中，不但需要有一个适当的外部环境的庇护，还需要有一个恰切的发展时机、合适的原初空间、专业的聚居群落、适当的发展步骤。只有在具备了内外部两个条件之后，城市文化空间才可能发展壮大，而这样成长起来的文化空间，对于建设一流的世界城市有重大的指标作用。

作为城市文化艺术空间，798艺术区有自己的成长发育史。就成因来说，798艺术区除了其低廉的租金和实用的厂房空间外，其他的因素还包括宏观上北京在全球艺术品市场的吸引力，798所在的大山

建造世界精品殿堂

子地区的区位便利，同时，高素质文化创意人才的聚集、配套商业机构的入住和迅速获得的国际关注也都为其形成规模优势提供助力。就形成史来看，798艺术区是工业建筑与艺术结合的产物。798艺术区原为电子工厂区，该厂厂房多是1950年代建造的德国包豪斯风格的建筑。从1996年开始陆续有艺术家租住该厂房，发展到2001年左右初具艺术区聚居规模，最终形成了一个蜚声国际的艺术区。至2008年1月为止，有400余家各类文化机构入驻北京798艺术区，包括各种画廊、艺术家个人工作室以及动漫、影视传媒、出版、设计咨询等各类文化机构，这些机构分别来自中国、法国、意大利、英国、荷兰、比利时、德国、日本、澳大利亚、韩国等国家以及中国台湾、中国香港等地区。798艺术区已经发展成为中国当代文化艺术的展览、展示中心，成长为在国内外都有一定影响力的文化创意产业集聚区。798艺术区在迅速创造国际知名度的同时，也招徕了大量的境内外游客，据报道，2007年美国CNN调查显示，798艺术区已经成为仅次于长城的外国人来京第二目的地。

作为城市艺术空间，艺术区不仅具有艺术品展示和交易的经济功能，还要具有自己独特的文化功能，从而保持空间的公共性，而不至于沦落为单纯的艺术品交易场。艺术区既可以是城市艺术品位的标志，塑造人们对艺术的感受，促进他们对艺术的欣赏和交流；也能成为城市欣欣向荣发展中的文化地标，对公共生活的创造有引导功能；更应成为城市向各路过客展示自己独特文化魅力的观览空间，完成文化展示功能。一个艺术区既可以装点城市的门面，也可以以文化为饵，为时代的发展打一针强心剂。

作为城市艺术品位的标志，城市艺术空间在对艺术符号和话语的凝聚中升华了城市。艺术品不仅是藏家们案头把玩之物，对于大众来说，它还是一种品位和文化的标志。城市艺术空间撑起来的不仅是城市的一个角落空间，它更大的意义在于提高了城市的艺术品味。在这个空间中，人们可以通过看展览、参与艺术沙龙、听艺术讲座提高自己的艺术感觉和眼光，而一个城市越多的人有了这种艺术感觉和眼光，城市的艺术品位也就会越高。一个有着上千年历史的城市如北京，文化积淀深厚，在其深远的文化流传中，当代艺术的成长简直可以说是倏忽而来，对很多人都显得陌生，这种情况下，一个有着充分魅力和开放性的艺术区，对市民们艺术品位的塑造功能不容小觑。

作为城市的地标，城市艺术空间引领了时代前进的路线图，在东方、现代、后现代的语汇迷宫中为城市指引迷航。在城市地理上，一个有良好口碑的城市艺术空间，会逐渐具有一个地标功能，在城市人文地图上成为城市成长的参照。一方面，艺术空间的存在作为旗帜，引导了艺术家的聚居，从而形成一个城市独特的艺术发展氛围；另一方面，艺术空间也会对城市发展的综合价值取向起到引领作用。当社会完成了从工业社会向后工业层次转型之后，如北京这样的大都市，人们的休闲和娱乐需求不断加大，对于一个可以消磨时光和发掘自我精神的空间之需要越来越强烈，虽然会有各种功能齐全的shop—ping mall(购物广场)应时而生，但是最终物质的盛宴会有餍足之时，感官终将疲惫，欲望也会衰竭，而无尽的精神探索却可以在一个自由、宽容的艺术氛围中展开，文化艺术空间能带给人们的就是这种精神上的经历，引导城市向一个更高的层次上开拓。

作为新型的文化旅游吸引物，城市艺术空间既吸引了人们的眼球，也默契了他们的消费，在人们的自我装扮中成全了自己存在。城市不仅是此地市民的城市，它还是所有人的城市，没有一个选择封闭的城市能够在如此全球化的世界中立足。城市艺术空间恰可成为城市角落吸引关注、成就个性的砝码。城市艺术空间的辐射能力不仅在于此城此地的市民，它还能无限地延展开去，把自己的品味和梦想分享给更多的人，这就是他作为一个旅游标的物的文化功

能，向更多的人充分展示城市丰富多彩的精神面貌。

其三，作为文化创意产业为城市发展注入活力。文化创意产业是典型的都市型产业，城市为文化创意产业的兴起创造了契机，为文化创意产业的发展提供了土壤，而文化创意产业也为城市的发展注入了活力。

短短的两年时间里，随着艺术家和文化机构进驻，798逐渐发展成为艺术中心、画廊、艺术家工作室、设计公司、广告公司、酒吧等各种现代空间的聚合，形成了具有国际化色彩的"SOHO式艺术聚落"和"loft生活方式"。在这里，绘画展、摄影展、实验戏剧、音乐会、影视播放、时装发布会等艺术和商业活动非常频繁，798已经成为中国当代艺术的集中地，是近距离观察中国当代艺术的理想场所。798还不仅仅是艺术的创作地，而且正在形成日臻活跃的文化经济市场。艺术家从事艺术创作的同时，这里的艺术展示机构又为他们提供了展示、交流以及交易的平台。各门类的艺术设计和配套的服务性设施，又为来宾及内部艺术家提供了良好的生活环境，从而形成比较完善的艺术社区和活跃的文化市场。当艺术品走向市场变成商品的时候，艺术区的生命也就真正开始活跃了。

2003年美国《新闻周刊》"首都风格"评选中，北京首度入选12大世界城市，理由中首先是以798的空间重塑说明北京的新风格，正是这个艺术区的发展证明了北京作为世界之都的能力和未来潜力。《纽约时报》也将这里与美国著名的艺术家聚集区——苏荷相提并论。在这样的艺术区，奔走于其间，自然就会获得一种国际大都市的繁华感、文化底蕴的厚重感和时代的生机感。

文化创意产业为北京798的发展提供了新的思路。在珍贵的工业建筑遗产受到保护的同时，文化创意产业也获得了理想的发展空间。当我们在提到历史建筑保护的时候，不仅仅是保护古老文化的代表，比如故宫、长城，重要的是把所有人和时代的遗迹都有所保留，并赋予遗迹以新的生命。都市里的人要和这种遗迹形成融合，在旧建筑中形成新的朝气。因此，通过文化创意产业对传统的工业建筑进行保护和再利用，是历史遗迹和新的时代精神的结合，是城市风格与活力的体现。当我们在追求经济利益的时候，不能以现代化和城市化的名义，使城市丧失个性和特征，丧失城市的竞争力。

时尚是指风尚或习尚，是引领城市现代发展的标志之一，涉及社会生活的各个方面，如服饰、饮食、行为、居住、消费以及情感与思维方式等。一般来说，时尚带给人一种愉悦的心情，给人以优雅、纯粹、品位和不凡的感受，赋予人们不同的气质和神韵，能体现现代生活的品位。人们对时尚的追求，无论从物质还是精神层面都促进了人类生活的更加美好。北京市时尚文化类精品的创造，时尚文化类精品继续重复，自己走自己的老路子，吃老本，江郎才尽。最后会让市场的大潮冲刷掉，埋没掉，市场更新换代的频率特快，一个不会创新的艺术家，起时尚文化精品创作就会枯竭、无趣、同类化、模式化、机械化、市场化。艺术家自己重复自己是死路一条。艺术家在创作中都会达到艺术创作的丰碑。那么后面的第二个、第三个、第四个，全部是他的墓碑。真正的艺术作品只有一次生命。艺术家而且因为处在社会转型期，机遇和挑战并存，快餐型的时代艺术家开始量化创作，这就导致对文化背景没有花多大的工夫研究，导致文化没有根，没有根的时尚文化只能昙花一现，算不上精品文化。时尚文化精品过多的注重商业包装，本身已经没有什么吸引力了，如今都开始营销自己的时尚文化精品，艺术家不仅仅现在是自己的创作者，而且要成为自己的经纪人。时尚文化类精品在大市场化的浪潮下统一生产，量化生产，只是一味地迎合市场，没有自己的标新立异，早晚会被市场的大潮所淹没，对待文化没有因地制宜的思路，艺术家就会走自己的老路。

建造世界精品殿堂

065

案例："鸟巢"——奥运建筑彰显人文情怀

1990年北京举办亚运会时，比赛场馆的建筑基本都由我国自行承担。而18年后在北京举办的奥运会，许多全球知名的建筑师，和中国同行携手，建造了不少特色鲜明的优秀建筑，为我们的城市添彩。对于这些造型独特到摄人心魄的新型现代建筑，人们或许有着不同的看法，但这并不妨碍北京成为一个胸襟博大的、具有丰富多样性的"世界建筑博物馆"。

在奥运场馆建筑中，鸟巢无疑最具有代表性。被称为"鸟巢"的北京2008年奥运会主体育场——国家体育场，由普利茨克奖获得者瑞士建筑师赫尔佐格、德梅隆与中国建筑师李兴刚等共同设计。建筑形式和网状结构完美地统一在一起，清晰、自然、纯净、硬朗，顶部网状的结构采用了车轮辐条受力的原理，其完全独立的结构，可以抵抗水平的温度变形、风荷载和地震力。它为2008年奥运会树立了一座独特的历史性的标志性建筑，而且在世界建筑发展史上也具有开创性意义。鸟巢设计中充分体现了人文关怀，碗状座席环抱着赛场的收拢结构，上下层之间错落有致，无论观众坐在哪个位置，和赛场中心点之间的视线距离都在140米左右。许多看过"鸟巢"的人这样形容：那是一个用树枝般的钢网把一个可容10万人的体育场编织成的一个温馨鸟巢！用来孕育与呵护生命的"巢"，寄托着人类对未来的希望。整个体育场结构的组件相互支撑，形成网格状的构架，外观看上去就仿若树枝织成的鸟巢，其灰色矿质般的钢网以透明的膜材料覆盖，其中包含着一个土红色的碗状体育场看台。在这里，中国传统文化中镂空的手法、陶瓷的纹路、红色的灿烂与热烈，与现代最先进的钢结构设计完美地相融在一起。整个建筑通过巨型网状结构联系，内部没有一根立柱，看台是一个完整的没有任何遮挡的碗状造型，如同一个巨大的容器，赋予体育场以不可思议的戏剧性和无与伦比的震撼力。这种均匀而连续的环形也将使观众获得最佳的视野，带动他们的兴奋情绪，并激励运动员向更快、更高、更强冲刺。在这里，人，真正被赋予中心的地位。"鸟巢"的下层膜采用的吸声膜材料、钢结构构件上设置的吸声材料，以及场内使用的电声扩音系统，保证了坐在任何位置的观众都能清晰地收听到广播。"鸟巢"的相关设计师们还运用流体力学设计，让所有观众都能享有同样的自然光和自然通风。"鸟巢"的观众席里，还为残障人士设置了200多个轮椅座席。这些轮椅座席比普通座席稍高，保证残障人士和普通观众有一样的视野。赛时，场内还将提供供助听器并设置无线广播系统，为有听力和视力障碍的人提供个性化的服务。许多建筑界专家都认为，"鸟巢"将不仅为2008年奥运会树立一座独特的历史性的标志性建筑，而且在世界建筑发展史上也将具有开创性意义，将为21世纪的中国和世界建筑发展提供历史见证。

（二）北京市传统建筑与城市时尚文化类精品再造范例

范例1. 国子监

国子监街始建于元代，清代称做成贤街。是北京市惟——条牌楼街，巍然耸立的牌楼、夹道的老槐树、如盖的绿荫笼罩的古老房屋都体现着老北京街道的面貌。乾隆皇帝曾称赞："京师为首善之区，而国子监街为首善之地。"

国子监历史悠久，街的两边行道树，700多年来，交替种植，一直是以槐树作为行道树，是有着文化内涵的。高大的槐树把古老的国子监街打扮得古香古色，是京城的一道亮丽风景，也增添了国子监和孔庙的文化色彩。国子监内有十三经刻石碑共190座，原置放于东西六堂，现位于国子监与孔庙的夹道之内。恢弘庞大的孔庙、国子监和众多的传统民居和繁荣的国槐。共同构成了国子监街极富特色的城市街区，街区景色随季节变化而不同，它与冬眠的雍和

宫、柏林寺一同构成北京最富特色的精品文化建筑区。

除了国子监和孔庙两座标志性建筑以外，国子监街依旧保存着老北京街巷的风貌。时尚的文化如今在复古的大潮流中，国子监寺里面的艺术家们创作得有声有色。国子监街两边多是低矮整洁灰墙灰瓦的四合院民居，门由灰色改成了朱红色，一两处排场大些的双扇大宅门，朱红的门扇上油着"忠厚传家久，诗书继世长"的古联。

松堂博物馆是一家私人博物馆，在国子监3号院，馆主是被公认为是中国民间门墩收藏第一人的李松堂先生。这个博物馆目前主要展出的物件大致为：门墩、古代造像、古建装饰构件，以及各种木雕和石雕。院子里可以免费参观，这里有很多馆主收藏的上马石、拴马桩，院子里的影壁、房上的瓦当都是历史文物。正房里的展品据说都是精品中的精品，实行售票制。在国子监街上，保留着文化精品。国子监大门对面，有复建的砖砌一字影壁。孔庙大门对面，有一座宽大的琉璃八字影壁。国子监后边国学胡同有一座祭祀唐代散文大家韩愈的庙，叫韩文公祠，也称土地庙，庙的大部分已被拆除，一部分则变成了国学胡同小学的仓库。另外，国子监街西边路南还有两座庙，距离西口不远处是国子监的火神庙，庙内已变成民居，但从临街山门精美的石雕上，还能想象当年寺庙烟火鼎盛的样子。红门、青砖、挂在树上的鸟笼子，还有挂着清洁文明牌子的大杂院，这是北京当下最真实的时尚精品文化的创作写照。艺术家在箭厂胡同，北京民俗商品，特色商铺，国营理发馆这些不为人所起眼的地方都活动着艺术工作者的创作身影，小店前的兔爷，上色的寿桃，怀旧的木家具，复古的花卷头。

范例2. 南新仓

距今600余年历史的南新仓是明清两代皇家粮仓，如今30余家商户进驻经营，创办了艺术画廊、音乐传播中心等文化场所，成为北京著名文化休闲场所，又是一处经典的建筑文化精品案例。南新仓仿古建筑群里，麦当劳、星期五餐厅、奔驰汽车展销厅、库和美等带有现代气息的商户已经入住，融入各国新兴的文化符号。此外，法国画展、中外艺术画廊等穿插其中。历史特色、传统文化与现代城市、餐饮休闲时尚等在这里和谐相处。

弘扬运河古仓文化，发展文化休闲特色商业街。这条创意文化特色街，传承创新了优秀传统民族文化，搭建了一个弘扬民族文化、展示古都风采的平台，展现了南新仓独特的古仓文化，吸收了国内外优秀文化元素，提升了南新仓特色街区文化含量。南新仓正日益成为一个知名品牌，成为北京独具特色的窗口。

南新仓文化休闲街9座保存完好的皇家古仓廒经过修缮，变成了文化韵味浓厚的艺术画廊、音乐传播中心、影视文化俱乐部等文化场所。而各具特色的南新仓仿古建筑群里引进了中外特色餐厅、酒吧、俱乐部，也为街区增添了别样的风景。作为市级特色商业街，应重点加强与有知名度、有影响力、有实力的商户的合作，引导他们主打文化创意牌，支持商户从事文化创意经营，开展富有特色的文化创意活动，提高商户档次，实现合作双赢。2007年5月18日起，600年的南新仓开始长期驻演600年历史的中国昆曲——厅堂版《牡丹亭》。物质文化遗产南新仓与非物质文化遗产昆曲的结合，已经成为京城文化创意产业发展的一个重要事件。2008年北京奥运会期间，德国体育代表团等"牵手"南新仓，在这里举办奥运代表团高级官员、运动员和媒体记者的高级聚会活动。总之，南新仓已经并将越来越被业内人士所熟知，成为他们沟通交流的时尚场所。相信，随着街区的改造提升和知名度、影响力的不断攀升，将进一步实现国有资产保值增值，产生好的经济效益和社会效益。

范例3. 什刹海

什刹海位于地安门西大街北海公园以北，又称"后三海"，由东南向西北延伸的三个水域组成，依次为前海(什刹海)、后海和西

海(积水潭)，总面积约540万平方米，水面占34万平方米，绿地面积11.5万平方米，是北京市25片历史文化保护区中最大的一片。什刹海景区历史文化积淀深厚，有40余处文物保护单位。有位于北京旧城中轴线北端的钟楼、鼓楼，有北城仅存的德胜门箭楼，有著名的恭王府、宋庆龄故居、郭沫若纪念馆等众多古建筑，在北京城市建设发展史上及政治文化史上都占有重要地位。什刹海景区的街巷结构最早形成于元代，许多建筑年代久远，具有北京传统建筑的典型特征。景区内有大量典型的老胡同和四合院，有不少数代居住于此的"老北京"，保留着淳朴的老北京风俗，存在很多富有老北京特色的民俗活动，是北京民俗旅游资源最丰富的地区。什刹海地区是文物古迹、自然风景、民居民俗和传说、掌故等旅游资源相互交织的地区，其综合优势非常明显，特别是民居民俗资源更具魅力，是什刹海景区的最大财富，极具开发潜力，有待于进行重点挖掘和深度开发。

随着21世纪的到来，文化已经成为世界范围内支持城市经济发展的核心力量。在欧美城市中，历史遗产与当代艺术的完美结合，为内城发展提供了富有文化内涵的模式。而在转型期的中国城市，虽然城市物质空间环境随着大规模内城更新而得以改善，但文化缺失却填补不了都市人的精神失落。凝聚的怀旧情结在北京的什刹海、上海的新天地、杭州的荷坊街之间彷徨，但城市文化是否在这些载体中聊以安放?在改革开放后，中国内城区依托于悠久的历史遗产和计划体制残留的文化设施，逐渐崛起为多元文化繁荣和融合的区域。但与此同时，中国城市的内城区又集中了诸多矛盾，如历史文化保护与地方经济发展之间、改善居民生活环境与提高居民收入、沿袭当地传统文脉与促进文化创新发展之间等。如何平衡这些矛盾、实现内城的可持续再生，营造有活力和友好的城市中心区，成为世界范围内城市规划者面临的重要课题。通过再生途径提升内城吸引力的意义，不仅在于结合地方历史文化资源推进"城市中心"的复兴，也是避免内城滤下、防止大城市郊区无序蔓延的重要途径。此处探讨的文化途径内城再生途径，区别于传统的传统强调物质形态的历史保护或更新策略，注重在维护地方历史空间文化氛围、重塑富有地方文化特色的城市景观的同时，充分发挥地方的文化网络的作用。

在再生实践中，构建多元文化载体的共同合作框架成为规划制定和实施的基础。规划者应在识别出不同的文化主体，明确它们的文化取向。这为规划中协调多元文化主体之间的关系、平衡其间的利益打下基础。南锣鼓巷的案例中，文化主体包括当地居民、文化群体和文化企业单位等。其中，当地居民承载着地方的原真文化，是地方人文环境不可分割的组分。文化群体是地方"亚文化"的载体，可由当地居民或外来者组成，它有益于文化发展的多元性。而文化企业单位是以拉动文化消费为目标的，它既可以引导地方文化健康发展，又可能引发过度的商业化。合作框架需要以上文化主体参与，各选择2至3名代表，与规划者共同参与到规划制定工作中。基于多元合作框架，地方认同和再生目标成为文化途径再生规划的首要问题。首先，从区位、历史、基底、场所等四个方面提炼地方认同的语汇，即"大都之心，元生胡同，民居风情，文化空间"。其中，"大都之心"标明了南锣鼓巷作为元大都几何中心的重要区位；"元生胡同"体现了城市肌理与格局的历史价值；"民居风情"蕴含着"胡同—四合院"所承载的北京传统文化；而"文化空间"突出了再生途径中文化途径的重要性。其次，在多元文化主体参与下，规划者从四个维度确定了文化再生的目标：(1)历史：对整体的地方历史文化氛围进行的严格保护。(2)文化：尊重文化多元性，积极营造文化交流空间。(3)经济：寻求文化与地方经济的结合点，使多元文化主体分享到再生的益处。(4)社会：发挥商会的社会资本支持作用，通

过集体行动强化地方文化网络组织。

转型期中国大城市快速郊区化的同时，内城却出现了传统产业衰退、城市景观缺乏活力和居民生活环境质量下降等衰退初兆，寻求内城再生的有效途径成为当代中国规划领域面临的重要课题。本文倡导文化途径的内城再生，即依托于内城地方文化优势，在多元合作框架内强化地方文化认同，并通过物质空间策略和文化网络策略促进内城再生。以什刹海为例，展示了文化途径内城再生规划实践的特征和过程。强调在关注物质建成环境的同时，突出地方人文环境的重要价值，尤其是作为文化载体的"人"的作用。其过程体现为，首先，识别地方不同文化群体，并鼓励其充分参与、多元合作。其次，强化地方文化认同感，明确再生规划的目标。再次，通过物质空间策略保护地方历史文化氛围的完整性和原真性。最后，通过文化网络策略发挥社会资本的支持作用，突出商会在组织地方文化活动、促进文化阶层交流方面的作用。文化途径的内城再生途径，有机结合了地方的物质环境和人文环境，充分体现了21世纪规划领域人本主义回顾的思潮。它的意义不仅在于结合地方历史文化资源推进"城市中心"的复兴，而且在于通过提升内城的吸引力避免了内城衰败和大城市郊区的无序蔓延。

其实，建筑本体只是一个外表的形式，而当时的空间、文化、经济、社会等的综合体是传统文明的内在体现。它的内核是社会结构的问题，社会的改变，必然导致了民居与现在的不适应性。识别民居背后的文化意义，远大于认识其建筑外形的现实意义。

（三）建筑与城市时尚文化类精品发展的对策思考

时尚文化类精品应该具备自己鲜明的特色。与当地独有的特色风俗结合，形成一种融会贯通的新风俗，这种风俗既能适应新市场经济的要求，又具有文化的深刻性和精品性；有的与传统文化结合，形成民族风味浓厚的文化商圈；有的与时尚文化结合，成为年轻人喜爱的消费胜地；有的与外来文化结合，成为国际化的现代商圈。现今的大钟寺商圈也因为有了爱家国际收藏品交流市场、大钟寺国际广场等，开始实现其文化商圈的华美变身。

随着城市的变迁和大都市经济发展的需要，时尚文化类精品不断进行着"大换血"。应对整个北京建筑时尚文化类精品的全面调研考察，做到心中有数，政府也更好地发挥自己统筹的作用，及早地看到时尚文化类精品的重要性。整治市场的不良风气，起到模范带头的作用。吸引有实力并且热爱文化并对文化有责任感的商户纷纷进驻。汇集了名人字画、翡翠、和田玉、寿山石、水晶、奇石、文房四宝、金石篆刻、古典家具、瓷器、油画、邮票、钱币、古玩等收藏品，汇集文化类精品，保护好北京市原有的建筑，这些文化类精品都是以这些场地为依托。时尚文化类精品必须不断地改进和创新才能适合社会的需要。这就需要很多新兴的艺术工作者身体力行。不要只在重复而不是在创造。政府鼓励他们出来创造更多优秀的时尚文化类精品，并需要在作品中更加充分地体现当地的文化内涵。在节假日期间，政府进行大的指引，让艺术工作者艺术创作和市场营销分开，形成专门的人来管理这一方面，让艺术工作者全身心地投入进去，更好地创作出人民群众满意的作品。

艺术工作者在内容和形式方面也要进行很多的创新。进行时尚文化类精品的创新不应该只是一味地迎合市场，这就有点舍本求末了。时尚文化类精品的艺术工作者应充分了时尚文化类精品的特殊性。时尚文化类精品的艺术工作者要做到向人们提供一个新的生活方式，让人们走入一个充满欣喜的天地，营造出一个很好的文化氛围。在这里休憩、娱乐、社交、购物、美食、欣赏艺术、享受都市夜生活，更是让人耳目一新。让人民群众在徜徉于文化旅游中，不再只是一味追求以单纯的购物为主，更多地增加了休闲、娱乐和

建造世界精品殿堂

体验。政府和赞助商联手每周、每月推出各类文化活动，如"玉器艺术节""斗鸟艺术节""鉴石艺术节""老北京人艺术节"等，让文化体验融入到人民大众的生活方式中。时尚文化类精品的艺术创作者不仅仅关注消费者的物质需求，更关注消费者精神、文化、社交领域的多元化需要，最大化地创造快乐的元素，最大化地制造幸福的文化。进行时尚文化类精品创作的艺术工作者，要自身文化底蕴丰富，触类旁通，在深厚的文化底蕴中把文化简易化而不简单化，努力做到让时尚文化类精品渗透到每个人的心中，做到时尚文化类精品有可以琢磨性，经得起推敲，随时代的发展能得以吸收外来本土的文化，不在文化的历练中被淘汰，而要不断地升华，这就要求时尚文化类精品要有文化综合能力、都市生活形态、城乡迁移现象、都市内人际与组织、贫困化与都市问题、都市民族成分的构成、有一定的历史深度等等。

如今的世界是开放的世界，如今的中国也是开放的中国。各个城市之间的文化交流更加频繁。文化的交流也更加频繁。特别作为中国的首都更是文化的集聚地。每个地方都有各地的文化气场，艺术工作者在为人处世方面显示出宽厚待人、包容接纳的特点。既有自己的文化内涵，又有其他地区外来文化的因素，二者相互交融和影响，形成自己特有的文化特色，又融合别的地方的文化特色。为文化的时间淘沙中又打牢了一份地基。

北京时尚文化类精品代表了一个城市的灵魂，是浓缩生态环境、文明程度、文化特色、整体形象、经济发展等方面的综合提炼，反映了市民的道德理想、意志品格、生活信念、人生境界、价值追求等理念。它是北京市经过岁月与历史的历练，是城市社会心理共同的积淀，是人民群众的共同的精神根基，每个城市都有自己独特的文化，既具有民族性、区域性和时代性特征，又具有延续性、融合性的特征。

古罗马建筑大师维特鲁威提出建筑的三条基本准则："实用、坚固、美观"，今天仍然是各国建筑师们遵循的原则。建筑艺术是按照美的规律，运用建筑艺术的艺术语言包括空间、设计、色彩、装饰等，使建筑更具形象美、文化性和时代感的艺术形式，建筑艺术应是"建筑"与"艺术"的有机统一，在满足人们居住需求的同时，还应满足人们的精神需求和审美需求。因此，建筑艺术在具有实用性、形式美、表现性这些艺术特性的同时，还应具有审美性、民族性与时代性。

时尚是当时的风尚，随着时尚文化的发展，时尚在有意无意的影响着不同环境中的人们。城市和时尚发展至今，城市的建设和发展与时尚文化的诞生和发展有着密切联系。城市时尚是结合了一个国家或地区人们的价值体系、文化核心、精神理念，形成的具有城市发展特色的时尚经济体系。就北京市为例，透过城市时尚去看整个城市，北京之所以成为中国城市化进程速度较快的城市，还是得益于北京这座城市蕴藏的时尚资源优势，有了优势的资源，人们才会来开采、占有并享用。当一个城市趋于稳定发展的阶段，将其打造为世界时尚之都，才是让城市文化魅力持久绽放的方式。

五、城市民间及公共艺术类文化精品的创作现状

公共艺术是在都市空间的公共环境中反映特定社会文化价值并影响人们生活的一种特殊艺术样式。不同于一般的艺术形式和传统艺术，公共艺术及城市民间艺术多在都市公共空间展示，是现代都市发展的必然产物。从狭义的角度讲，我们可以把此类文化精品理解为城市中群众文艺类文化精品，改革开放以来，我国的群众文化事业得到极大的发展，社区文化、企业文化、校园文化、军营文化、家庭文化都在蓬勃地展开。通过发展群众文化事业，开展有创新、有内容、高质量、群众广泛参与的群众文化类活动，发挥文化

建造世界精品殿堂

艺术在社区建设中的主导和示范作用，丰富和活跃群众的文化艺术生活，使人们在活动中得到美的享受，为本地区乃至全社会的两个文明建设服务。公共艺术具有开放性、公开性和自由性，是在公共空间供公民自由参与和认同的艺术生态环境。艺术进驻社区，有很多形式，不仅限于单次交互式民众创意活动，也可以是很有意思的街区快闪、定格，在环境中进行旨在吸引大众眼球的公共空间创意活动；可以是极具创意的街头雕塑的一次空间进驻，在一个空间中充分利用雕塑语言形态进行创意与环境的结合；可以是街头的涂鸦、人体行为艺术，充分在一个既定的环境中通过实验性视觉艺术方式进行艺术体验与拓展等等。

近年来，在"社会效益优先"的政策导向下，北京地区的城市民间及公共艺术类文化活动进入加速发展的历史时期。一方面，伴随着文化体制改革的深入，文化事业与文化产业迅猛发展，一个基于均等化、基本性原则的公共文化服务体系正在形成。据统计，自2003年至2012年，中央财政累计投入580.11亿元用于公共文化服务建设，年均增幅高达82.2%，现已初步实现国家公共文化服务体系的城乡覆盖。同时，按照"区别对待、分类指导、循序渐进、逐步推开"的"16字诀"，我国文化体制改革平稳顺利完成，艺术生产力和公共文化产品的生产总量急速提升。在此基础上，一个基于公共文化服务供给的平台体系已初步构建完成。

另一方面，从"人民群众基本文化权益"这一逻辑起点出发，北京公共文化服务形成了一个以政府为核心提供者、以文化企事业单位为主要生产者的多元化公共文化供给主体群落。通过委托、评估、协商、回馈等中介环节，政府协同多元公共文化供给主体为民众提供了大量公共文化产品和服务，在一定程度上满足了人民群众的基本文化需求。但由于现行公共文化供给平台是在计划经济时代"三馆一站"基础上发展起来的，在设施基础、运作方式、产品及服务类型等方面带有一定的"计划特征"。在实践中，人民群众的实际文化需求和目前公共文化整体供给之间依然存在十分突出的结构性矛盾。换言之，尽管政府投入大幅度增加，但现阶段，能够满足人民群众实际需求的公共文化产品及服务依然相对匮乏。在此背景下，探讨公共文化服务供给系统的集成创新，对于缓解上述矛盾、实现我国公共文化服务的整体提升，无疑具有十分重要的现实意义。

其中，博物馆、剧院、艺术中心等公益性文化机构充当了北京市城市民间及公共艺术类文化精品的基础生产与供给主体。首先，博物馆利用馆藏的形式将静态文化遗产如服饰、居民建筑、生活用具、工艺品等保护起来，利用节日、习俗等有形载体通过活态的文化遗产如音乐、舞蹈、饮食文化、宗教文化等进行展示和传承，注重保护民族文化的原真性。而另一个层面，博物馆大力发展区域节庆文化，服务于各个地区，促进了其社区的经济文化发展，从而使人们从中感到其文化价值，产生出自豪等优良情绪体验和感情沟通。可以这样说，各种文化遗产是其民族发展的源泉，并为民族文化可持续发展提供推动力。与此同时，文化资本的可持续性原则在博物馆收藏的文化遗产中得到应用。

在艺术授权Artkey公司的运作推广中，成功将艺术作品通过市场授权的方式，与商业产品进行联姻，并且推出"艺活"（让艺术走进生活的实用美学理念）体验屋，通过实物，让人们走进艺术，走进美学，走进生活。这些均是艺术能否通过有效的美学形式，与自然、环境结合，也就实现了艺术为人民服务，共同构成有机的"天地人和"的理念。这样，博物馆通过与企业联合开发，有助于企业形象和文化品位的提升。其价值不仅体现在经济方面，更体现在文化方面。从经济角度看，增强了博物馆自身的行业优势和生存发展能力。从文化角度看，则为公众提供了精神性和感知性消费，

一方面它提高了博物馆的资源利用率，实现了文化资本的最大化。另一方面博物馆拥有对文物的开发版权，能够开发具有古代历史文化内涵的商品，并创造出历史价值、精神价值、真实价值、象征价值等文化价值。

博物馆所陈列不同时期、不同地方、各具特色的藏品与展品，这些藏品和展品都代表民族特征。这种民族特征是将民族个体团结起来的凝聚力，维系着一个民族的生存延续和发展。

作为国家最高表演艺术殿堂，国家大剧院从一开始便坚持用高雅艺术进行艺术普及教育，坚持名团名家名师带着好的作品来打开艺术之门。为此，大剧院专门成立了艺术普及教育部、艺术资料中心等部门，负责常态化普及演出及活动的开展。国家大剧院精心推出"周末音乐会""经典艺术讲堂""走进唱片里的世界"等形式多样的艺术普及活动，努力打造一个艺术家与观众的互动空间，让更多人走进大剧院，了解大剧院，享受大剧院，激发更多艺术爱好者的激情和才华。周末音乐会荟萃一系列优秀的中外交响乐作品，以"演讲结合、赏析并重"为特点，实行"名家、名团、低票价"的亲民政策，为音乐爱好者提供全方位的音乐视角，涉及交响乐、民族管弦乐、室内乐、歌剧、合唱、独唱等多种艺术形式。经典艺术讲堂将专业的艺术知识与丰富多彩的授课形式相结合，用最浅显易懂的语言阐释博大精深的艺术文化，让公众在轻松愉悦的氛围中，享受专业的艺术表演，接受一流的艺术教育。"走进唱片里的世界"艺术普及活动，联合艺术家、乐评人、唱片公司，涵盖主题讲座、音乐沙龙、签售会等多种形式。

此外，国家大剧院还在其第五空间里，根据年度重要演出活动，还设有主题活动，如"歌剧节主题观摩""走进艺术殿堂——国家大剧院暑期高雅艺术体验活动"，让观众欣赏精美歌剧主题展览，享受歌剧的盛大与繁华，让孩子们在"玩"中与高雅艺术亲密接触。

　　为北京公共艺术做出贡献的还有中央芭蕾舞团。近年来，剧团一直坚持在国内举办"走进芭蕾"等一系列公益性演出活动。"舞计划"是一个以促进舞蹈文化普及为核心的公益计划，"城市流动儿童舞蹈艺术普及项目"系列活动之参观中央芭蕾舞团，在北京市的打工子弟小学开设舞蹈课程，让孩子们可以通过讲座、放映活动了解和熟悉舞蹈这门综合艺术，同时开发孩子们其他艺术领域的潜能，如摄影、绘画、音乐等。

六、公共艺术类文化精品问题对策

　　承接上节北京城市民间及公共艺术类文化精品创作现状，我们可以看到，不同于一般的艺术形式和传统艺术，公共艺术及城市民间艺术多在都市公共空间展示，是现代都市发展的必然产物，如今需要加大力度科学规划，尊重公共艺术的创意社会性。

　　针对北京市公共艺术类文化精品，我们可以找到两条对接点，即文化金字塔，塔尖为文化艺术，塔基为文化社会。找到当今公共艺术在城市发展时所遇到的问题，提出相应解决对策，使公共艺术类文化精品与社会取得连接，完善文化金字塔。公共文化艺术强调文化的原创性和原真性，以文艺美术、音乐舞蹈、戏曲戏剧等艺术形式为载体。而公共社会则强调文化的外部效应和创意的溢出效益，实行生产、生态与生活的立体互动；园区与社区的双向融合；乡村、城镇与都市的全面耦合。在二者之间，我们应用文化力和创意力改变我们的思维模式、生活方式、环境营造和社会治理。

　　针对上章节北京市公共艺术文化精品的发展现状，目前政府等应从以下方面进行倾斜与改造。

（一）公共艺术重在打造公共社会资源的"公共性"[18]

"公共性"其实就是说明在公共艺术中的非竞争性和非排他性，这也是公共艺术的特性。功能上，大凡具有公共性，或者是我们把它视为公共性，其产品的意义决定了必须是用公共财政来扶持，因为它对于文明的传承、文化的展示、国家文化形象的传播以及对于公民文化素养的提升，都具有基础性的、根本性的、可持续性的和长远性的影响。

"文化造镇"是公共艺术驱动要素的根本转变。公共艺术的发展逻辑在于重视开发城市文化艺术的无形资产，运用公共艺术文化力去改造传统的物质要素，将文化资源、文化资本、知识产权、符号价值作为城镇化的重要生产要素。"文化造镇"的战略就是要转变传统工业兴镇、制造业代工业兴镇的物质主义为文化主义。我们知道，北京城镇拥有独特丰富的文化遗产、农业遗产、历史故事、民间传说以及独特的山水资源、自然风光，这是取之不尽、用之不竭的公共资源，具有巨大的核心竞争力。

（二）公共艺术的社会设计和公共创意——注重社会资源的整合与公共空间的扩展

改善公共产业园区的聚集化转型。很多文化产业集聚园大都为"拼凑型"，没有很好的产业集聚，没有形成相互支持的业务系统，也没有得到产业集聚和产业链经营的规模化提升。

政府文化政策。各级政府都在全面建设社区和村社图书馆、科技馆等，推进文化惠民工程，并且不断提升相应的文化管理人员的专业水平；而公共艺术的发展，则需要引导和加强文化与科技的融合、积极培育市场主体、完善市场文化体系等。在公共艺术文化精品事业的建设方面，可以说初步建成了比较完善的服务体系。不过

---

18 向勇：《中国式"文创造镇"战略的理念与原则》，《文化产业》，2013年第5期。

重视硬件设施、缺乏内容投入方面的现象，以及花费巨资维护场馆的现状依然突出。

政府的平台提供。现在不管政府也好，园区也好，都要通过平台和相应的政策实施来促进公共艺术文化精品的发展。政府今后的功能，不是做主要的领头，而是应该提供更加具体的平台化服务。

从某种层面上讲，我们做得还远远不够。我们有很多公共文化、历史文化遗产地在拿到联合国教科文组织的文化遗产称号之后，马上考虑的却是如何把围墙修得更高一点，去开听证会把门票涨得再高一些，这其实是违背了世界文化遗产公共性和普惠性的性质，违反了公民的公平参与性。

一个成熟、优雅、精致的文化社会的文化形象，不是在历史悠久的文物古迹或富丽堂皇的大剧院和美术馆，不是在名目繁多的节庆会展或琳琅满目的影视演艺，而是在庙堂之外的百姓生活和普通自在的街巷弄堂。在这样的文化社会里，公共办公大楼的大堂可能就是艺术展览的文化空间和艺术画廊，咖啡馆、茶馆、书店可能就是提供创意灵感、文化体验的创意空间。当银行的客服大厅成为艺术书屋或创意茶屋，当政府部门的机关大楼成为表演艺术和当代美术进行艺术实验的公共展场，那么这就是一个完美的文化社会形态；当一家企业的社会责任以文化责任为最高使命、当一座城市的发展目标以文化发展为最高目标、当一个国家的社会进步以文化进步为最高尺度，也就是以人为本的最佳发展环境。公共艺术的发展最宝贵的价值就是赋予我们每一个人以创意精神和文化力量，去建设人们理想中的文化社会。

（三）公共艺术应强调以人为本——注重"参与"和"沟通"[19]

在某一点上我们做的并不太合适。我们有很多公共文化、历史

---

19 向勇：《文化社会与公共创意》，《文化产业》，2013年第5期。

建造世界精品殿堂

文化遗产地在拿到联合国教科文组织的文化遗产称号之后，马上考虑的却是如何把围墙修得更高一点，去开听证会把门票涨得再高一些，这其实是违背了世界文化遗产公共性和普惠性的性质，违反了公民的公平参与性。

一个成熟、优雅、精致的文化社会的文化形象，不是在历史悠久的文物古迹或富丽堂皇的大剧院和美术馆，不是在名目繁多的节庆会展或琳琅满目的影视演艺，而是在庙堂之外的百姓生活和普通自在的街巷弄堂。在这样的文化社会里，公共办公大楼的大堂可能就是艺术展览的文化空间和艺术画廊，咖啡馆、茶馆、书店可能就是提供创意灵感、文化体验的创意空间。当银行的客服大厅成为艺术书屋或创意茶屋，当政府部门的机关大楼成为表演艺术和当代美术进行艺术实验的公共展场，那么这就是一个完美的文化社会形态；当一家企业的社会责任以文化责任为最高使命、当一座城市的发展目标以文化发展为最高目标、当一个国家的社会进步以文化进步为最高尺度，也就是以人为本的最佳发展环境。公共艺术的发展最宝贵的价值就是赋予我们每一个人以创意精神和文化力量，去建设人们理想中的文化社会。

（四）改变思路，迎接北京公共文化精品创作新时代的到来

在全球化时代和互联网时代，文化精品创作成为一种共时性的艺术行业。无论中国艺术氛围较为开放的南方，无论是文化资源广袤的北方，时间的历时性让位给空间的共时性，都在发动一场新的"文化精品PK赛"。文化精品是文化强国的重要标志，代表一个时代的精神高度，体现一个民族的思想深度，标志一个社会的文明程度，反映一个国家的实力强度，在引领风尚、教育人民、服务社会、推动发展中发挥着极为重要的作用。首先，文化精品出导向力。它是社会主义先进文化的重要载体，承担着社会教化使命，发挥着价值导向功能，在巩固主流意识形态中的地位无可取代；其

次，文化精品出影响力。它是一个国家的精神视窗，体现着文化形象和文化品位，是国家影响力的重要来源。最后，北京市作为中国的首都，同时承载在中国科技、文化、政治的中心，因此，要带好领头羊的作用，创作出更多更优秀的文化精品。

下面，仅以公共舞蹈艺术为例，进行简约的对策梳理：

1. 强化现代意识，加大北京城市艺术的创意创新力度

北京文化资源庞大、皇家资源丰富，就城市舞蹈艺术而言，其城市民间舞发展迅猛，却具有一定的民俗色彩，缺乏相应的现代风格。因此，作为重要的城市公共艺术，北京城市舞蹈艺术应该进一步加大现代创意力度，强调以人为本，注重"参与"和"沟通"，注重社会资源的整合和公共空间的扩展。舞蹈也可以是一种独特的创意艺术，它"作为文化资源的显现手段，不仅仅是让商品、空间和建筑显得更华丽、美观和养眼，而更是一种确保公民在追求美好生活及面向未来所需的力量所在。"[20]

2. 重视独立艺术家和独立艺术家工作，推动北京当代艺术的品牌化

经过多年发展，北京的文化精品形成了很大规模，但是在文化精品方面除去为数不多的事业单位推出作品具有全国影响外，基本上难以找到更多在全国具有较高知名度的文化品牌，更不要说在世界上形成品牌效应。北京文化精品仍然缺乏自主创新的文化品牌和企业，因此准确概括当前北京的文化精品现状就是"大而不强""全而不专"。

近年来，北京等地出现了一些独立艺术家和独立艺术家工作室。从2007年北京的吴文光、文慧生活舞蹈工作室为代表的"交叉—现代舞演出季"开始，划出了时代演进的坐标，北京"陶身体

---

20 向勇：《要商业还是要艺术？——文化企业的悖论》，《文化月刊》，2013年6月14日。

剧场"等，相继而生并自成一格，活跃了中国当代艺术的局面。发现、扶持一批独立艺术家和独立艺术家工作室，让他们以更具实验性、先锋性和国际性的身姿，以更潇洒自由的独立个性，推进着中国后现代艺术的理念与创作实践。这将是推动北京市当代艺术品牌化的重要举措。

3. 创新机制、打造多元混融文化发展模式

北京大学向勇提出，在公共文化产品和私人文化产品中间有一个庞大的交叉地带，称为半公共文化产品或半私人产品，也有人将其称为准公共产品。这样的话，就可以让它们与政府的距离形成"一臂之距"，而不是直属于政府，这样就可以通过政府采购，通过政府的项目资助，用博物馆自身的经营、效益来发挥作用。同时，对普通艺术爱好者进行艺术拓展与推广，将高雅艺术殿堂与艺术家、艺术爱好者、艺术机构、艺术团体相结合，它提供了与观众进行有兴趣的、平等的体验机会。北京拥有众多特色艺术高校，亦拥有全国最重多的综合性大学及相关科研机构、研究所，均应通力打造更多、更对位的艺术产品服务市场。

4. 强化优势、补足短板，打造特色观众培育系统

北京发展文化精品，不仅仅是推出一部又一部的国家正典，更重要的是打造地域名品，改变这种"投大头不投小头"的支持现状。一个高度的国际化、现代化的城市，才能够提供具有包容性的文化精品力作。因此，北京在进行特色观众培育系统的构建上，就应当强化已有优势，补足弱势部分，在正确的方向与要点上，政策要给予支持，资金要给予扶持。当然，个人财富增长到一定程度的人以及有社会责任感的企业，在践行社会责任的过程中主动进行文化责任的建构，由他们推出一些准公共空间、准公共产品，进一步充实配合和补充由国家层面和财政层面提供的公共文化资源。同时在国家层面要转变思路，在税收政策等方面给这些准公共空间、

NGO组织以更多的扶持政策，使之活得更大的空间。

第二节 北京文化精品创作的经典案例分析

　　北京作为文化交流的中心，历来是各种文化精品的聚集地，这里汇集了来自全国的各个文化领域的优秀的人才和企业，因此形成了一整套的文化精品模式，产生出大量的带有北京特色和中国气息的文化精品，这些文化精品不仅给北京带来了巨大的经济效益，而且还对其他地区产生了重要的影响。北京文化资源丰富，文化精品名目繁多纷杂，为了更好地研究和了解北京市的文化精品的特点和它所营造的特殊效应，我们将重点分析一下以下几种取得成功并影响巨大的经典案例，以便更好地开发和利用其他类似的文化资源，打造出更多更优秀的文化精品，增强北京的文化实力和整体水平，并且对其他省市起到示范作用。

　　文化的竞争是文化精品的竞争，文化精品的多少，反映着一个国家、一个地区整体的文化创新能力和创造水平的高低。北京作为中国的首府并且有着悠久的文化历史，因此积淀了丰富的传统文化资源，同时它又是我国先进科技的中心和人才聚集的中心，有着得天独厚的文化资源和创新优势，要把北京丰富的文化资源优势转化为文化软实力、文化生产力，推动北京文化精品的跨越，必须大力实施精品工程，打造文化精品。北京应当按照国家政策的基本要求，立足北京，放眼全国、全世界，以更宏大的视野审视和利用北京丰富的文化资源，借鉴吸收中国其他地区乃至世界各国的优秀文化资源，生产出适应和满足全国和世界性文化需求、具有全国和世界影响力的文化精品。[21]立足于这样的基础，北京又凭借自身的优势和特点，创造出大量的具有北京气息和中国特色的文化精品，它们极大地丰富了北京人

21 罗志刚：《打造文化精品》，《湖北日版》，2012年5月16日。

民群众的精神生活和精神世界。

　　由于北京市文化精品的种类繁多，我们选取了有代表意义的几种文化精品来浅析，它们分别是奥运文化精品，旅游文化精品以及影视传媒文化精品等文化精品中的代表。三种不同的文化类型都是北京市文化精品中的佼佼者，他们的成功不是偶然，是对中华民族优秀文化传统的继续创造和高扬，是新时期新文化背景下的新成果。

一、奥运文化精品：立足传统文化精神上的创新与高扬

　　2008年北京奥运会虽然过去好几个年头，但奥运会后留下的剧烈的影响仍旧没有散去并且继续升温发酵，它的余热铸就了新的文化气息并深深影响着国人和世界人民，奥运会不仅推动了北京政治和经济的发展，更创造出了一种新的优秀的文化精神气质——奥运文化。奥运文化给了国际社会新的眼光来看待中国、看待北京，它有了新的视野，是对中华优秀文化的新的展现和高扬。北京奥运文化已经不是简单的奥林匹克文化和精神了，它是有更多的中国元素的和特色的新的文化形式，也是一种新的带有北京特色的文化精品模式。它的成功是多种因素混合而导致的，其中最重要的就是它立足传统文化上的创新以及对传统中国精神和时代精神的高扬。奥运文化形成一整套新的文化精品模式，首先从具有中国特色的奥运理念上可见一斑。众所周知，北京奥运精神的三大理念是"绿色奥运""科技奥运""人文奥运"。绿色奥运强调用保护环境、保护资源、保护生态平衡的可持续发展思想筹办奥运会，广泛开展环境保护的宣传教育活动，促进北京和中国环保基础设施的建设和生态环境的改善，倡导绿色健康的生活方式和消费方式。"科技奥运"旨在紧密结合国内外科技最新进展，集成全国科技创新成果，举办一届高科技含量的体育盛会。同时，提高北京科技创新能力，推进高新技术成果的产业化和在人民生活中的广泛应用，使北京奥运会

成为展示新技术成果和创新实力的窗口。"人文奥运"旨在传播现代奥林匹克思想，展示中华民族的灿烂文化，展现北京历史文化名城风貌和市民的良好精神风貌，推动中外文化的交流，加深各国人民之间的了解与友谊；促进人与自然、个人与社会、人的精神与体魄之间的和谐发展；突出"以人为本"的思想，以运动员为中心，提供优质服务，努力建设使奥运会参与者满意的自然和人文环境。

北京奥运文化之所以成为精品，首先就在于它牢牢把握北京这座城市的文化灵魂。任何城市的发展，都有自己的优势和主题，北京的最大优势在于丰厚的历史文化积淀和具有独特个性的奥林匹克文化遗产。北京奥运会的成功举办留下了宝贵的物质文化遗产，奥运文化成为重要的软实力资源，影响和决定着北京的城市文化竞争力与可持续发展能力。现今，北京正在积极借鉴国内外城市发展建设的成功经验，努力建设具有中国特色的世界城市。因此，传承奥运文化，突出中国特色，增强发展城市文化竞争力，成为北京建设世界城市的内在要求和重要途径。[22] 北京奥运文化精品立足传统，是对传统文化和精神在现代语境下的重新审视和发扬。例如，从奥运会的标志来看，整体结构取自中国传统图案"盘长"，可贵的是他们没有对着一传统造型直接借用，而是运用了中国书法中特有的"笔不到而意到"的写意手法，恰到好处的传递"中国结"和"运动员"两个动势与意象，并以此表达大会的主题和全国人民的祝愿。中国传统文化与现代设计理念的完美结合，带给人们强烈的视觉艺术享受。还有就是家喻户晓的"舞动北京"标志的设计与开发，已经成为北京市视觉艺术与设计文化精品中的代表之作了。此标志运用中国传统汉字的写作手法，将金石印章和象形文字进行完美的契合，动态和静态的完美展现再加上喜庆的大红色的巧妙应用

建造世界精品殿堂

22 北京北奥集团有限责任公司：《传承奥运文化遗产 提升城市文化竞争力》，北京奥运城市发展论坛。

视觉艺术在这里升华到一个新的水平，设计理念和传统文化天衣无缝的结合都依赖于创新所带来的收益，因此说创新是一个国家兴旺发达的不竭动力，这里创新给传统文化又增加了新的血液。

除此之外，从后奥运时代来看，奥运会过后，奥运文化并没有就此随着运动会的结束而消逝，而是获得了更加旺盛的生命力。后奥运时代诞生了大量的奥运文化精品，是对奥运会文化遗产的直接继承和发扬。它对于塑造北京市的城市形象和国际影响力以及提高文化软实力都起到了无可代替的作用。面对新机遇、新挑战，北京诸多文化企业和文化机构在促进首都文化大发展大繁荣的时代背景下，努力打造城市文化品牌，提升城市文化竞争力。后奥运时代为提升北京城市文化竞争力提供了不竭动力。

综上所述，北京奥运会、残奥会的成功举办，不仅充分展示了竞技体育的辉煌成就，同时也展示了中华民族灿烂悠久的历史文化和民族精神，它已逐步成为一个城市乃至一个国家文化展示的舞台。[23] 北京市之所以能利用自身的文化资源形成独具特色的城市文化魅力，主要是由于北京市的文化企业的文化自觉性和文化使命感。在当前北京加快实施"人文北京、科技北京、绿色北京"战略，建设中国特色世界城市的重要阶段，更加充分地传承和展示奥运文化遗产，推动科技与文化结合、中华优秀传统文化与世界现代文化结合，对于进一步提升北京城市的文化竞争力，具有更加重要的现实意义。当然，继续传承和发扬优秀的文化传统，营造更多更优秀的文化精品，还需要各方面的努力，政府和企业以及每个人都应该贡献出自己的一份力量，让优秀的奥运文化继续灿烂下去。也许，奥运文化的成功是不可复制的，但它给其他地方带来的借鉴意义是深远的。我国幅员辽阔，文化资源众多，因此，其他地市应当

---

23 北京北奥集团有限责任公司：《传承奥运文化遗产 提升城市文化竞争力》，北京奥运城市发展论坛。

以它为榜样，积极发掘和创新有自己特色的文化精品，以此来提高自身的文化实力和提高整个国家的文化软实力。

二、旅游文化精品：传统文化资源基础上的创新与繁荣

旅游文化是现代社会新兴的最具活力和吸引力的文化形式之一。任何一种新的文化形态的产生、发展和完善，都是社会生产力和社会文化发展到相当水平的结果。随着旅游业在经济领域中地位的不断提高，它对社会文化发展的需求和依赖也越加明显。旅游行为的综合性、时间空间的延展性、景观意态的趣味性、旅游内容的丰富性，以及满足游客文化需求多样化的客观规定性，促使旅游业必须具有适合自身发展需要的文化形态，这就是旅游文化。旅游文化可以分为传统旅游文化和现代旅游文化，前者主要包括旅游者和旅游景观文化；后者则增加了旅游业文化和文化传播。作为有着悠久历史和旅游文化资源的北京市，其旅游文化所产生的精品的数量和质量以及由此而带来的经济和文化效益也是其他各地方无法企及的。旅游文化实际上是以一般文化的内在价值为依据，以行、吃、住、游、购、娱六大要素为依托，以旅游主体、旅游客体、旅游介体和旅游研究之间的相互关系为基础的，在旅游活动过程中业已形成的观念形态及其外在表现的总和。它既是物质的，也是精神的。旅游文化的内涵十分丰富，外延也相当宽泛。既涉及历史、地理、民族宗教、饮食服务、园林建筑、民俗娱乐与自然景观等旅游客体文化领域；又涉及旅游者自身文化素质、兴趣爱好、行为方式、思想信仰等文化主体领域；更涉及旅游业的服务文化、商品文化、管理文化、导游文化、政策法规等旅游介体文化。北京市作为一个旅游大市和强市对于旅游文化精品的打造已逐步形成着自己的独特模式。

北京市的旅游资源可以分为传统的和新兴的两种形式。北京具有丰富的旅游资源，对外开放的旅游景点达200多处，有世界上最

建造世界精品殿堂

大的皇宫紫禁城、祭天神庙天坛、皇家花园北海、皇家园林颐和园、八达岭、慕田峪、司马台长城以及世界上最大的四合院恭王府等名胜古迹。全市共有文物古迹7309项，其中国家文物单位42个，市级文物保护单位222个。北京现有旅游定点饭店456座，其中星级饭店407座，客房8.4万间，旅行社456家，有21个主要语种的导游人员5000多人，形成了业务遍及全球市场。

依托丰富的文化旅游资源，北京市不断开发完善内涵丰厚的文化旅游产品，增强了旅游文化的吸引力和竞争力，提高旅游满意度，传播中华文化和首都文化。到2010年，北京文化旅游创意产业发展的基本框架已形成，目前，正在努力把北京建成中国文化旅游创意中心，力争建成世界级的文化旅游创意城市。想要做到以上的成果，就应当以中国传统和现代文化为主体，以文化创新为主线，以提升北京的旅游文化创意能力为核心，以重大旅游活动和旅游节庆为重点，以文化旅游景区和创意园区为依托，以塑造北京旅游文化创意产业品牌为导向，采取文化与旅游相结合、继承与创新相结合、产品创意与商品创意相结合的原则，整合资源，整合营销，重点发展都市文化旅游、现代文化娱乐旅游、民俗旅游、乡村旅游、文化休闲旅游、修学度假旅游、访祖认宗旅游等旅游文化创意产业，积极发展文化旅游园区，大力开发具有北京特色的文化旅游商品。[24]

除了传统的旅游文化项目之外，开发了大量现代娱乐业等创新产品，丰富北京旅游产品内容按照走向规模、走向时尚、走向参与的原则，开发创新现代娱乐业产品。例如最具代表性的是"梦幻世界"室内主题乐园，围绕石景山游乐园"欢乐无限"的主题，把中、西文化，游乐、购物、餐饮、健身等多种娱乐活动融合在一起，突出主题性、参与性、观赏性，给游客以耳目一新的体验。通

---

24 《北京市文化旅游创意产业发展实施方案》。

过运用多种高科技手段短时间把人们带入过去、现在和未来的时空变幻中，展现星际旅行、遨游太空等主题。运用电影特技、异型建筑设计、艺术造型、先进材料和技术打造以五大洲人文景观为特色的主题游艺项目。它克服我国长江以北地区游乐园受季节影响不能全年经营的问题，为京内外游客营造一个全天候、高品质的室内娱乐空间。[25]

此外，现有大型节事活动与旅游活动相结合，能吸引更多的旅游者。北京现有常年举办的国际音乐节、亚洲艺术节、科博会、京港洽谈会、市长企业家顾问年会、奥运系列宣传活动等，还有不定期举办的汽车展、服装节等大型专业展会。

北京还有着自己特色的文化旅游资源，也吸引了很多的游客，如北京特有的胡同文化，胡同，是北京特有的一种古老的城市小巷。胡同原为蒙古语，即小街巷。由于北京古时城建就有严格规划，所以胡同都比较直，星罗棋布，共有7000余条，名称五花八门，有的以人物命名，如文丞相胡同；有的以市场、商品命名，如金鱼胡同；有的以北京土语命名，如闷葫芦罐胡同等。北京最长的胡同就是东西交民巷，全长6.5公里；最短的一尺半大街，长不过十几米；最窄的胡同要数前门大栅栏地区的钱市胡同，宽仅0.75米，稍许胖点的人得屏住呼吸才能通过。北京的胡同大部分形成于中国历史上的元、明、清三个朝代。胡同不仅是城市的脉搏，更是北京普通老百姓生活的场所。北京人对胡同有着特殊感情，它不仅是百姓们出入家门的通道，更是一座座民俗风情博物馆，烙下了许多社会生活的印记。胡同这种北京特有的古老的城市小巷已成为北京文化的载体。老北京的生活气息就在这胡同的角落里，在这四合院的一砖一瓦里，在居民之间的邻里之情里。只有身处其中才有最深体会。这种特色的旅游文化为北京市精品旅游文化增添了美妙的一

25 《北京市文化旅游创意产业发展实施方案》。

建造世界精品殿堂

笔。当然，北京还有着丰厚的红色旅游资源，多样全面的资源类型每年都吸引了大批中外游客的眼球。

北京市的旅游文化是立足于当下社会，建立在传统文化资源基础上，吸收现代元素的文化精品模式。因此，北京市旅游文化是一种全方位、多角度、立体的精致文化。优秀的旅游文化吸引了大批的游人，带来了巨大的经济效益和影响力。旅游文化作为北京文化精品中的代表者，它的地位和作用是不可替代的，国家应当鼓励和支持此类文化的发展和壮大。同样，北京市旅游文化的成功应当和全国其他地市一起分享，共同为了旅游文化精品的繁荣而努力奋斗。

三、影视传媒文化精品：新兴科技背景下的交融和发展

新一代数字技术、网络技术、信息技术作为世界高新技术发展的大趋势，正以锐不可当之势，给影视文化产业带来巨大而深刻的变革。中国的影视产业要充分利用后发优势，加快影视数字化改造和技术升级换代，全面推动影视产业的发展。在中国电影发展史上，北京的地位至关重要：中国人拍摄的第一步电影《定军山》就诞生于此，中国第一座电影院——平安电影公司就建在长安街上。电影的发展则更是体现了这座城市的文化多样性，作为中国电影发展城市的佼佼者，在中国电影产业改革大背景下的北京在影视文化方面出现了一波又一波的繁荣局面，下面我们就此进行详细的分析。

北京市影视传媒精品文化的创作成功是和北京市得天独厚的优越的环境密不可分的，北京市轻松开放的文化氛围和新兴科技和人才的凝聚以及丰富的文化资源背景吸引了大批优秀的此方面的人才和公司企业的入驻。尤其是电影电视方面更是影视文化的主力军，因此我们想要了解和分析北京市传媒文化的成功，就应当从这两个方面入手来把握才是最好。在电影的文化方面，新生制片公司的异军突起给电影文化精品的制造和生产注入了新鲜的血液，从影视人

才的培养和集聚、剧本的原创，到一流的电影创作生产企业、数字电影制作基地、电影发行企业，全国数量最多的电影院线，全国1/10的票房……日益扩大的国际影响力，日趋完善成熟的全产业链条，吸引大批影人北上、影视企业总部落户，北京不仅成为全国最重要的影视产业中心，也成为华语地区新兴的影视生产中心。

除此之外，北京市的主要院线也在逐年增长，并且向外扩散出去，大量的影片制作和放映公司的到来使得北京市的影视文化异常地活跃起来，并由此带来了大量的经济收益。据2015年3月北京市新闻出版广电局发布的最新数据，截止到2014年11月底，北京城市影院累计放映电影148.31万场，比上年同期增加23.6万场，增长18.92%；观影人次46.21百万人次，比上年同期增加8.7百万人次，增长23.07%；票房收入为20.22亿元，比上年同期增加3.94亿元，增长24.2%。影视产业的高收益吸引了更多的产业的聚集。其次，北京市政府鼓励和支持影视文化精品的生产，发展文化产业，北京市探索影视原创作品新的生产机制，对原创、当代的优秀题材在剧本、拍摄、宣传发行、放映各环节予以重点扶持，精品创作生产由数量增长向质量提升转变，影视剧形成"北京制造"效应，社会效益、经济效益双丰收。

北京是我国文化中心，各类人才齐聚首都，影视类人才自然不会缺乏，再加上北京电影学院、中央戏剧学院、中国戏曲学院、中国传媒大学等艺术院校对这方面人才的培养，使得电影行业在北京的发展具备各类条件，不断有新剧本、新人才、新作品。此外怀柔影视基地、八一电影制片厂影视基地、星美影视基地等一系列影视基地，用好支持政策，发挥首都优势，聚合优势企业，告别单纯提供拍摄场所模式，打造完整生产链条，融入电影制作的全过程。在这一切的政策和措施的带领下，北京市影视文化精品的质量和数量不断地飞跃和发展，由此带来了新的经济增长点。电影文化成为北

京市文化精品打造中不可或缺的一部分。

除了在电影方面取得瞩目的成就之外，北京市的电视文化精品也不断地涌现并日益发展和繁荣，提高了北京影视传媒文化的知名度和影响力。其中这类文化精品的创作又以央视最具代表性。其数量和质量是其他文化品牌都无法超越的。

电视栏目是文化精品中的重要一员，在此仅以《百家讲坛》为例来分析一下电视方面的文化精品创作的过程。从刚开始成立之初的收视率几近为零，到现今收视长虹的品牌栏目，《百家讲坛》走过了一个优秀电视栏目所必须经历的生长、挣扎、成熟、壮大的阶段，它的发展道路和生存策略，不仅为其他精品栏目提供了可参照的路径，也是对电视"泛娱乐化"倾向的有力驳斥。它的成功源于它的改革和创新。《百家讲坛》以其敏锐的嗅觉开创了新的讲说模式。有着自己独特的讲述方式，那就是讲演者加入自己的主观评价然后进行细节分析和补充。由此带来了凤凰涅槃式的重生。

改版后的节目，制作者开始有意识地培养专家"讲故事"的能力，这也是一个痛苦的由"研究文本"转向"电视话语"的过程。山东大学的马瑞芳教授在课堂上是主讲《聊斋》多年的知名学者，来到《百家讲坛》之后，制片人却对其既有语言模式进行了全方位改造，在"惊世骇俗说细候"这档节目中，马教授采取先讲故事后分析的讲述方式，制片人却要求她在故事中糅入分析，不断穿插人物命运的悬念牌，直到演讲的最关键时刻才翻出底牌。类似的改造事例还有很多，在不断的摸索和磨合中，制作者逐渐找到符合电视传播规律和受众心理的表达方式，并创新地将戏剧、文学、电影、评书等众多艺术门类的结构形式借鉴到演讲中来，极大地丰富了既有的演讲风格和技巧，使得演讲成为视觉和听觉的双重享受。然后时尚、轻松而贴近当下的口语化表达为它锦上添花，新版《百家讲坛》最大的亮点就在于语言上的突破，更加的贴近平民百姓，用平民化的语言化解艰涩难懂的学术观点，独特的语言风格和个人魅力也使一批学者从狭小的学术圈跃入公众的视野，成为公众耳熟能详的"学术演讲明星"。时尚语言的运用也很好赢得了许多在校学生的心理认同，逐渐培养起一批更年轻更有潜力的受众群体。[26]

其次是与当下流行的影视文化相贴合，迎合观众的追随心理，主要是借助于当下流行的影视剧的热播和热点文化的焦点来达到自身发展的目的，如著名清史专家阎崇年主讲的《清十二帝疑案》的热播，使得节目收视率也一路飙升，还有就是典型的事例就是刘心武关于《红楼梦》的系列讲座就是借助于当前文化的热点而使得节目收视率提高不少。

经过这样一系列的整合重新改版，《百家讲坛》也成为新的文化精品栏目的代名词。它的成功为众多精品栏目的发展提供了可供参考的路径，也积累了相当宝贵的经验。首先就是要敢于创新，大胆革新。创新是文化精品创作的不竭的源泉。要有敏锐的洞察力和市场分析能力，善于把握受众的心理特点，然后推陈出新。其次要善于制造品牌，在现有品牌的基础上打造新的价值链，形成品牌效应。品牌是节目收视长久的最可靠的保障。因此，创新加品牌，是《百家讲坛》成功最主要的原因之一，也是北京市文化精品创作得出的最宝贵的经验。

在中国，影视产业承载着政治责任、社会责任和文化责任。随着中国加入世界贸易组织和对外开放的进一步扩大，我国传统文化作为民族符号的象征将在更大范围和更深程度上参与文化领域的全球竞争。它对我国打造以文化为基础的核心竞争力将有重大的现实意义。这就要求我们的影视产业，除了追求艺术的大众性、通俗性、民族性，还要注重文化融合性的特征，大力借鉴现代人类的

26 邓芳芳：《从〈百家讲坛〉看精品文化栏目的生存策略》，《青年记者》，2006年。

建造世界精品殿堂

优秀文明成果，积极倡导"创新引导"，有效推进本土化改造，以时尚、新颖、个性化的节目形式，吸引青少年和广大受众。只有这样才能使中国特色的社会主义先进文化在国际化的趋势下更加具有竞争力。通过以上分析我们可以清晰地看到北京市优秀的影视文化精品的创作过程，它的成功既有赖于自身优厚的条件和资源，也得益于科技的进步和文化理念的创新。因此，不管是影视文化还是其他优秀的文化精品都应当保持北京市这种优良的精神风貌，只有这样，才能创造出更多更优秀的文化精品来，才能不断丰富文化市场和提高人民大众的精神文化水平。

第三章
北京文化精品创作的问题与思考

第一节 北京文化精品创作方面存在的问题

习近平强调，改革开放以来，我国文艺创作迎来了新的春天，产生了大量脍炙人口的优秀作品。同时，也不能否认，在文艺创作方面，也存在着有数量缺质量、有"高原"缺"高峰"的现象，存在着抄袭模仿、千篇一律的问题，存在着机械化生产、快餐式消费的问题。文艺不能在市场经济大潮中迷失方向，不能在为什么人的问题上发生偏差，否则文艺就没有生命力。低俗不是通俗，欲望不代表希望，单纯感官娱乐不等于精神快乐。精品之所以"精"，就在于其思想精深、艺术精湛、制作精良。文艺工作者要志存高远，随着时代生活创新，以自己的艺术个性进行创新。要坚持百花齐放、百家争鸣的方针，发扬学术民主、艺术民主，营造积极健康、宽松和谐的氛围，提倡不同观点和学派充分讨论，提倡体裁、题材、形式、手段充分发展，推动观念、内容、风格、流派切磋互鉴。

在改革开放和现代化建设的大潮中，在农业社会向工业社会的转型期，人们不仅仅满足当前的物质需求，更多的转向文化需求，这就催生出艺术工作者的文化创作。人们日益提高的物质生活水平，对于文化创作精品的需求也不断上升。文化是物质的符号体系。以前人们多谈物质生活带来的精神愉悦、生理满足的重要性，

建造世界精品殿堂

现在，随着人们日益增长的物质文化需求与当前的生产力发展水平之间的矛盾不断作用，产生了新的精神需求，当前人们更多地关注了文化精品的创作给人们带来的精神愉悦、心理满足的重要性。北京的文化创意产业增加值连年增长，在全国处于领先地位，在这方面自然还要保持领先优势；文化的精品是精神的核心价值体系。这些精品包含了道德素养、生活态度、行为方式等，在这方面，北京是中国"四大古都"之一，拥有6项世界遗产，北京也该在全国起到领先示范作用。

当前随着市场大潮的冲击下，中国越来越和世界接轨，北京作为中国的首都和国际性大都市，文化创作良莠不齐，鱼龙混杂。市场的产业化和效益化，逐渐地影响着文化创作的方向和地位。当前的文化创作领域，以历史人物和事件为题材的作品——历史小说、历史剧、古装电影、古装电视连续剧等可谓层出不穷，令人目不暇接。历史上的重要人物、事件乃至野史稗闻都相继被人们从故纸堆中翻捡出来，成为创作素材。与此相应，研究和评论文章也大量涌现，论者从各个角度对这类文化创作精品进行品评。这些文化创作当然有不少真知灼见，不乏精品；但平心而论，理论研究还不够深入，人们对于究竟应该如何研究、评判此类作品，即持怎样的立场、标准和方法似乎还缺乏深入的反思，因而在具体的研究与批评中还存在着诸多误区，存在这样那样的问题。

北京作为世界性的大城市，除了要具有经济发达、在世界事务中有影响力等特征外，还有一个重要特征就是其文化对世界有辐射力，其文化创作精品的影响力至关重要。文化创作的精品在传承优秀传统文化，创造时代精品，努力提升文化的软实力和国际影响力方面都有至关重要的作用。在国家实施文化强国战略中，发挥首都全国文化中心文化创作精品起到了示范作用。首都文化的日益繁荣，历史文化资源得到有效保护、挖掘、传承和利用，文化事业和文化创意产业健康快速发展，公共文化设施和服务质量达到世界先进水平，文化创新活力充分彰显等的一切，都离不开文化精品的创作和牵引力。文化创作的精品在这里起到的示范作用会更加明显。

北京的文化精品创作，会成为北京的文化名片，响当当的艺术品牌。文化精品创作会越来越多地填满观众视野。好的文化创作自然而然地是无可挑剔的艺术，颇具带入感的雅俗共赏，拉近了作品与观众的距离。文化精品的创作既丰富了群众的精神世界，又与中国当前社会主义精神文明建设不谋而合。既顺应了党的号召，又真正地为老百姓做了实事，给群众谋了福利，提升了群众的精神境界，丰富了群众的精神生活，提高了群众的精神层次。

文化精品创作树立了北京的文化品牌，增强了文化软实力的竞争力和影响力，以一种"集约优势"提高了北京的文化优势，潜移默化地提升了北京在中国和国际上的影响力。

当前北京文化创作精品蜂拥而至、应接不暇的创作有些不知所措。这一方面说明文化创作精品在整个民族都全力以赴奔向现代化的特定语境中，借助于无所不能的大众传媒如此受到大众青睐，似乎有些不可思议；另一方面也说明我们文化创作者和文化机构具有的敏感与知识储备，极好地迎合了市场的部分需求。对一些社会转型期各种社会现象进行艺术加工，具有一定的理论穿透力的阐释。文化创作要想出现精品是有一定困难的。因为这既需要相当丰富的生活经验与人生体验，又需要深厚的专业知识基础，更重要的是还需要有效的方法。笔者认为目前艺术工作者和艺术机构还缺少深入反思与积极建构，许多文化创作都流于一般的表层，带有很大随意性，无法对复杂的社会现象作出令人信服的深入剖析。因此确立明确的方法论意识应该是十分必要的。

而且北京的文化精品创作也取得了阶段性的成绩。大型情景音舞诗画《天安门》运用"幻影成像"等世界最先进的视频多媒体技

术，以"天安门"为线索，生动再现北京3000多年丰厚鲜活的人文积淀，有力弘扬了"爱国、创新、包容、厚德"的北京精神；原创民族歌剧《运河谣》弘扬真善美的核心价值观，并首次尝试了民族唱法的歌唱形式；话剧《窝头会馆》是人艺的里程碑之作，人艺守住了"旧"，却没有让传统成为负担，当今的人艺人树立起独立于前辈、真正属于他们自己的经典；大型新编史诗京剧《赤壁》尊重传统，敢于创新。将浓郁的中国京剧韵味与当代年轻人的观赏兴趣相结合，开创了京剧审美的新时代；昆曲《红楼梦》首次将中华艺术经典形式昆曲，与中华文学经典之作《红楼梦》结合在一起，融洋洋巨著于小小舞台。还有电影《唐山大地震》、儿童剧《精卫传奇》……无不彰显着北京的艺术的软实力，而且很多已走出国门，在世界上产生广泛的影响力。北京文化创作精品日益繁荣，精品力作不断涌现，名家名团交流频繁……这些喜人的现象不仅在文化界传为佳话，艺术家和艺术机构主动开始的"滴灌"工程，也让每一个生活在北京的普通人受益匪浅。

凡事都有好的一面，也要看到它存在的问题，从文化创作自身的存在，文化创作工作者和文化创作机构，文化创作环境，文化创作的体制机制等方面，都有这样那样的问题。看到这些问题，才能更好地解决这些问题，才能出更多地文化精品，更好地服务于百姓大众。

首先，在选材方面北京市文化创作存在局部的矫揉造作、弄虚作假的问题。在现代汉语语境中，"生活真实""历史真实""艺术真实"似乎都是自明性的概念，人们在使用它们时根本无需追问其意指究竟为何。从一般的文学理论教科书或评论文章中，我们随处可以见到这些词语，其最一般的含义是：生活真实——当下生活中发生的事情；历史真实——以往生活中曾经发生过的事情；艺术真实——文学艺术作品的虚拟世界中展现的、生活中可能发生的事情。或者说，艺术真实是在生活真实或历史真实的基础上经过艺术加工的社会生活。

近年来，北京文艺创作方面，部分作品中生活真实与艺术真实的关系问题处理不当；事实上，历史题材创作必须处理好历史真实与艺术真实的关系。目前，来自历史学界的论者几乎无一例外地指责历史题材创作违背历史真实，歪曲历史；而来自文学领域的论者则常常批评此类创作或者过于迁就历史真实而失却艺术真实，或者胡编乱造，缺乏艺术价值等等，总之是未能实现历史真实与艺术真实的完美统一。这些议论由于建立在对基本范畴的学理的基础之上，故而抓住文学创作精品在处理历史题材创作上存在的问题。这说明，部分艺术创作者和艺术创作机构对艺术创作精品的真实性和历史性的重要性尚未形成清醒的认识，对于具体到每个文化创作，大都是在表达一种印象式或者迎合市场式的创作。这些作品违背历史真实的言说，基本上都是从一般的文化角度分析作品的人物、情节、结构、叙事方式等，机械地进行文化作品创作，乍看上去五脏俱全，其实对于文化创作的精品来说已经失去了它的神韵和内涵，只剩下空壳。因此，对文化创作精品的历史性和真实性问题应该受到学界重视。

文化创作主观性很强，如今文化创作的第一动因往往不是内心需求，而是经济需求，写出来的文字也不能使文化创作者内心的世界全部表达出来，通过把心灵深处的东西展现开来，与人民大众形成对话。文化创作精品往往选取一些历史片段，讲述的是隔着时间尘埃看过去的陈年旧事，这些事情不可能是文化创作者亲历，往往要借助史料，将他人的生活作为写作的素材。它不同于那些直接面对当下生活，面对创作者内心的作品，创作者的精神主体如何在创作者的文化作品中展现，就成为一个难题。在叙述历史时，有不少作品由于背着太重的历史知识的包袱而难以进入自由、自主的精神状态，创作者的

兴趣往往只在于翻拣一段老去的事情，讲述一段史实，着力点往往只在于材料的铺陈，在于引经据典中所显现的功力。甚至有的创作者因熟知某一段历史常识而沾沾自喜，自我陶醉，甚至以知识淹没思想，同时也压得读者喘不过气来，而在作品中很难看到文化创作者的情怀。这正是目前精品受到批评的重要原因。

文化精品无论表达什么，最终都是表达自己，没有生命情愫参与的文化精品不可能在人民大众心中掀起情感波澜。如今某些创作者在文化创作中中探寻历史，不再是内在的情感驱动，部分文化创作者已经没有生命情怀，不能开启内在的精神性，不能把历史的资料在人民大众心中重新组合。历史是人类关于昨天的记忆。文化创作者已经不再是历史中曾经鲜活地存在过的"人"，而是仅仅拿来创作过程中记载的那些"事"，远离了自由创造的艺术天地。部分文化创作者已经利欲熏心，被市场大潮蒙蔽了双眼，再也保持不了自己的一份清醒，重复着自己的知识，与历史、与他人、与自我的心灵远离，这就是当前北京文化创作的首要问题。

其次，在创作目的方面，部分创作一味迎合市场需求，而忽略受众主体，同样是北京市文化精品创作不容忽视的问题。当下的社会是市场的社会，脱离了市场一味地追求文化精品创作是站不住脚的。物质基础决定上层建筑，同样文化精品创作也必须产生一定的经济效益的情况下，才能更好地产生社会影响力，但是这就导致了部分的艺术创作过程中一味地迎合市场的大潮，使艺术作品变得肤浅化、无根化。新的文化作品一出现，就被取代，昙花一现，成为文化市场的炮灰。

快餐文化下，一味地追求文化的数量化，而非质量化，这在北京的文化精品创作中也是不容忽视的问题。一味地注重个别人物、领导、部门的喜好而轻视作品整体的厚重感。在整个艺术创作过程中，个别人物、领导、部门只是创作过程中的一个小坎儿，而部分艺术创作者和艺术机构却把他们无限放大化，敬若神明，而真正忽视了首重群体——人民大众。因为即使审美水平、欣赏能力和知识层面再全面的个别人物、领导、部门，他也是个别的，不能反映一般的，无法表达大众的真正的审美需求。也无法囊括所有人、所有事，文化创作会变得粗线条。

　　文学创作是要展现一幅有血有肉的生活图卷，仅仅囿于市场的需求当然是远远不够的。对个别人物、领导、部门的曲意逢迎导致文化创作作品变成快餐、炮灰，可以说是必然之事，否则就不可能有真正的文化创作精品的出现了。为了迎合市场的需要，虚构若干人物，甚至重要人物，文化作品整体上未能呈现深刻的历史感。所谓历史感是与现实感相对而言的，是指人们对一种本身并没有经历过的，久已逝去的生活世界的感受和体验。历史感不会凭空而生，也不是什么记忆的复现，是一种重构的感受，是文学创作精品传达的历史信息与接收者现实生活体验相触发的产物，借用哲学阐释学的术语，也可以说是一种"视域融合"的结果，是"效果历史"。一部文化创作作品如果可以给大众以历史感和精神满足，那么即使它的许多内容与历史记载相左，也可以说是成功的，这比那些处处符合历史记载，而在整体上毫无历史感的作品好很多。机械地满足市场和机械地盗用历史同样算不得文化创作精品。例如著名历史小说《三国演义》中关于诸葛亮种种神机妙算的描写都是于史无证的，但由于小说将这个历史人物描写得栩栩如生，并将他放置在一个兵荒马乱、动荡不定的历史情境之中，就使得这个人物具有强烈的历史感，使人感觉《三国演义》中的诸葛亮似乎比陈寿《三国志》里的还要真实可信。这就是成功的文学叙事。总之，真正满足广大群众对于任何只迎合市场和盗用历史生搬硬套的作品是强太多了，也是不可或缺的，甚至可以说，广大群众才是文化创作精品的核心因素。

　　再次，部分创作者还出现了抄袭和模仿，对一些真正的文化精品产生了影响，同样也不利于起正常的文化市场的发展。我国的知识产权体系的法律法规存在着不完善的地方，文化创作者随文化创作结果产生自动取得，但如果要保全文化创作者创作出来的作品的证据，文化创作者就必须申请登记，这就意味着文化创作者不仅仅要多出文化精品还要防止自己的文化精品不被盗用，对于文化创作者来说产生了不小的压力，对于文化创意成果的法律保护仍然存在的真空地带，特别是广告、建筑、时尚设计等行业囿于设计作品同质性强，对于窃取、抄袭较难定义，相关法律法规在专利法、版权法保护的内容和范围，以及如何界定侵权等方面还留有空白。互联网的发展给北京文化精品创作带来新的挑战。在信息经济时代，互联网是信息传递的主要工具。但同时也是给知识产权保护，尤其是与文化创作精品息息相关的方面带来了挑战。由于文化作品易复制、侵权和较隐蔽的特点，文化创作工作者很难发现文化作品被侵权，即使发现也难于追究责任。而文化环境下的使用取证很难，损失常常难以估量，维权成本很高，成效很低，使文化创作工作者难以保护自己的合法权益。文化的发展把作品创作、传播以及使用带入了两难的境地，也对法律法规提出了更高的要求，互联网在北京的普及率很高，在文化创作行业的问题比较突出，在这方面北京仍有提高的余地。由于文化创作行业特征不同，其文化创作的精品遭到的侵权形式也不同，侵权现象和形式也有所差异。如电脑软件与互动休闲娱乐、电视电影、音乐行业中遭受的侵权最多的"盗版与非法下载"，时尚设计行业为"商标侵权"，手工艺行业中的"专利侵权"，广告、建筑设计行业中则存在严重的"剽窃、抄袭"和"强占作品"现象等。在北京，"剽窃、抄袭""擅自复制""擅自使用"及"盗版与非法下载"等侵权行为是文化创作精品主要的被侵权形式，在时尚设计、建筑设计、音乐、出版、计算机软件等行业表现得尤为突出。

一、端正创作观念，不"媚俗"、不"媚雅"

如前所述，北京市文艺创作在创作观念与意识存在一定的问题，文化创作出现浮躁化、快餐化、机械化。在资本主义拜金思潮的冲击下，文化创作精品不断地趋向肤浅化、庸俗化、市场化。改革开放社会主义大繁荣前景下，北京作为中国首都也获得长足发展。尽管北京在加快文化体制机制改革创新，按照创新体制、转换机制、面向市场、增强活力的要求，加快经营性文化单位转企改制，稳步推进公益性文化事业单位改革，构建统一开放竞争有序的现代文化市场体系，加快推进文化管理体制改革等方面做出一定的成绩，但是对切实加强对文化产品创作与生产未能正确引导，文化产品的创作与生产未能真正从群众需要出发，未能继承和发扬中华文化优良传统，吸收借鉴世界有益文化成果，推出更多深受群众喜爱、思想性艺术性观赏性相统一的精品力作。只是一味地迎合市场，部分作品还存在低级趣味。广大文化工作者和文化只是在满足自身的经济需求和小部分人的利益需求，偏离了社会主义先进文化前进方向，趋向了庸俗、低俗、媚俗的老路。我们处在一个从未有过的喧嚣、浮躁的世界里，人被物欲裹挟，奔忙于繁琐的外在事务中，活得匆忙而局促。这时，文化创作精品成为一个难题。

任何文化创作精品，艺术创作者首先需要面对的总是自己的内心世界，无论外部世界如何喧闹嘈杂，艺术创作者总要保持内在的精神完整性，他需要一个"心理的单间"，把对于外部世界的所见所闻所知所感沉淀下来，仔细品味。他需要始终保持着一个属于自己的精神天地，在这里让精神松绑，在这里，与一个个艺术心灵相遇，在这里苦苦思索、不断追问，让诗意的状态成为可能。只有这样，真正的精品才成为可能。文化创作精品因为有更多的精神思考

的因素，所以，更需要文化创作者在安静中咀嚼历史和现实生活。然而，在这个纷繁的世界上，许多文化创作者已经失去了一张平静的书桌，东奔西走，往来应酬，创作的作品中显出急促和忙乱。

随着当今社会的机遇越来越多，北京拥有悠久的历史传统，然而艺术创作者如今已经脱离了这些曾经让自己成功的生活环境稍微简陋的地方和一些古人留下痕迹的地方，于是，艺术创作者现在处在喧嚣的大城市中，对于文化创作很难静下心来，吃老本，空想象，靠出行前后翻阅一些资料，变成了一些文字。假如能够在这些文字中，与历史交汇，与那些曾经生生死死、明明暗暗地在那里生活过的人和事构成种种关系，通过这些关系，或者穿透时间，去寻找人类的记忆，或者在沧桑中追问"我是谁"，或者为当下的生活寻找理由或根据，那么，文化创作精品就有了心灵的根据。但是，现在的文化创作精品虽然是去寻访饱经沧桑的历史文化遗迹，去寻找过去，但多是有高规格的接待，有当地诸侯陪同，舒适而踏实的"豪华游走"，热热闹闹，大张旗鼓，即使有点风险，也是诸如交通、天气，或者某些不可预测的情况。而且大多是有惊无险，只不过给文化创作提供了一点儿有趣的插曲而已。这种文化创作往往成为添加上一些抒情文字的导游词。对历史的表面描述无法真正叩击历史之门，也同样无法和人民大众构成对话。

现在我们看到，几乎所有的社会各领域，从政府领导部门到学术研究机构、民间企业，都强调"创意"，或者强调"文化创意"。全国各地设置了许多文化产业园区，但在这些园区中真正能实现"创意"的文化企业和文化产业并不多。但是，真正的"创意"必须依靠个体创造性。

在精品创作中要追求真正的"创意"，而不是简单地"媚俗"或"媚雅"。例如，在近来影视或舞台上出现的低俗表演，就必须纠编。如果低俗表演算得上是一种艺术形式，那么，它就绝不是什么"阳春白雪"，而且连"下里巴人"都勉为其难。正像社会上一致认同的那样，某些舞台表现的看家本领就是以丑陋、滑稽的肢体动作和怪样的面部表情，再配以内容平淡庸俗、形式奇特大胆的语言表述，来形成和达到他怪僻乖戾的艺术风格和哗众取宠的喜剧效果。作为艺术表现形式之一的喜剧，尽管它具有能够产生滑稽和幽默效果的多种艺术表现方法、手段和类型，但是，从艺术的纯洁性和高雅性上来讲，它绝不允许和接受，那种既缺少文化修养又没有专业艺术造诣的低级媚俗之作，以"自然""纯朴"和"贴近生活"的名义，混迹于神圣的精神文化殿堂。

同样地，"媚雅"也不能让"创意"充盈起来。当前我国社会主流文化作品在一定程度上存在着思想内容僵化、表现形式虚化、发展方式权力化的现象。部分"雅"文化作品自说自话、曲高和寡，人民大众消费不起；一些主流文化作品粗制滥造、直白空洞，不为大众所接受。主流文化作品所存在的问题使其在个性化文化消费趋势面前显得单薄、过于庄重。

真正的"雅"一定要和艺术家个人最真切的生命体验结合起来。例如，北京当代芭蕾舞团团长王媛媛曾与张艺谋导演合作大型芭蕾舞剧《大红灯笼高高挂》，与冯小刚合作电影《夜宴》。她曾对创作意识有这样的评论："我的每一个作品同样也都是因为内心深刻地感到有刺痛，才进行表达。有时候痛感对艺术家来说可能更容易表达出来，快乐反而显得很平淡。当你经历的东西给你刺痛感的时候，你的痛感会迫使自己有诉说和表达的欲望。内心和表达欲望的这种嫁接，实际上也是一种沟通。"

二、扎根生活，提升艺术家的个体创作能力

有了生活，才有艺术家，才能有艺术创作和艺术作品。在生活、艺术、艺术家、艺术创作、艺术接受与批评、艺术鉴赏等整个

艺术的产生、功能转化和效能发挥等系列运行中，艺术创作是一个基础性的重要环节。

文化精品的创作来源于优秀的创作人才，也来源于文艺工作者维持的创作热情和创新动力，而就目前情况而言，部分创作者缺乏生活，又忽视与新技术结合，忽视对新的渠道的占领，忽视北京尤其是首都文化底蕴的挖掘，忽视本土化文艺作品的创作，只求市场和受众群足够多，因而出现了一定程度的创造力匮乏问题。原创力匮乏是目前文化精品创作的主要问题。当前市场需求大，更新换代速度快，而文化创作速度无法赶上市场需求的速度。这个矛盾当前创作的原创性和作家的原创力的缺失有内在关系。文化精品的不足其实也包含着积聚和提炼的原创力不足，使得创作跟着市场需求的打转，一味快产，快销，粗制滥造，而违背创作规律本身求慢求精的要求，这其实也是原创力缺乏导致的"后遗症"。文化精品并不是历史传统文化的还原与再现，是要靠创新内容来提供产品和服务的。我们对原创虽然采取提倡和张扬的态度，但并不赞成将原创绝对化或极端化。创新并不意味着完全与众不同，如果一部话剧的立意、创意、想法、台词别人没用过，这种情况基本很少见，有人认为，借鉴其他优秀作品的立意，并不妨碍作品被称为原创。

拿2011年国家舞台艺术精品工程北京地区历年获奖作品芭蕾舞剧《牡丹亭》来说，《牡丹亭》是明朝剧作家汤显祖的代表作，说起《牡丹亭》，人们脑中首先浮现的大概是那温润清丽的昆曲唱腔。在这出由中央芭蕾舞团原创的芭蕾舞剧里，杜丽娘被解读为3个人物，并将同时出现在舞台上：蓝衣杜丽娘是《牡丹亭》故事的叙述者；白衣杜丽娘是永远徜徉在中国后花园里的怀春少女；红衣杜丽娘则展现出象征欲望的原始自我。该剧的创作过程，就是一个解构与重建的过程。所有主创人员首先要做的，就是跳出戏剧的框框。舞剧有其独特的艺术特点，借助音乐与肢体语言的表达，与有台词对白的戏剧相比，在叙述故事情节上有着天生的缺陷。

很显然，《牡丹亭》是原先已有的戏曲作品，但是在芭蕾舞剧《牡丹亭》制作人赵汝蘅等编创的合力下创作出一台具有更深层次立意的芭蕾舞剧，弱化叙事，重点放在杜丽娘内心情感的塑造，体现出舞剧的优势。使得《牡丹亭》被赋予了新的历史意义。李六乙说，这次新意是一种综合的气质，包括舞台、美术、灯光、文本、编舞等各个方面，都和以前别的艺术形式不一样。比如，音乐是芭蕾的灵魂，这次请了知名音乐家郭文景担任音乐总监，将西方古典名曲、印象派昆曲以及郭文景自己的创作三者合一，很有特色。其次，《牡丹亭》虽然是创新芭蕾舞剧，但芭蕾是以肢体语言为主的，中芭又以古典芭蕾见长，所以我们也会遵循古典芭蕾的特点，在其中有所突破，会让观众惊喜。芭蕾舞剧《牡丹亭》会是一部完美融合又极具个性的作品。《牡丹亭》在艺术手法上突破门类艺术的界限，将戏曲和其他舞台表演手段融入芭蕾，采用了一些机器写实的方式，例如真实的小冬菇出现在唔到台上，有管饭借鉴传统戏曲的虚拟象征手法——例如将柳枝作为一种虚拟的符号，既象征"情""爱"，又象征柳梦梅其人，舞蹈中柳梦梅手执柳枝抚弄丽娘，以含蓄地表现亲吻的意象，作为舞蹈戏剧，《牡丹亭》很好地把握了戏剧结构与舞蹈创作的关系，让观众对《牡丹亭》有了更深的了解。对于一个好的文化作品来说，并不是绝对的原创才能使它富有新的意义，在原本的立意上进行深入的挖掘，改变原来的表达方式，就能带给观众们一种新的体验和感受。

提高创作的原创性是北京成为文化精品中心的重要要求之一，而现如今儿童剧在中国的发展让人颇为担忧，弘扬民族精神，与时代主旋律的儿童剧更是不被广大儿童喜爱。互联网时代对孩子的影响太大，儿童剧的发展无法追上孩子们审美趣味的变更速度。大多数儿童剧团演出的题材还是《丑小鸭》《白雪公主》等经典剧目，

建造世界精品殿堂

原创题材的儿童剧太少。由于对儿童市场划分不明细，现如今的儿童剧多是针对6岁以下的儿童，市场小，投资大，回报少，使得编剧越来越少，好的剧本也越来越少，造成优秀儿童剧目作品寥寥无几，原创活力持续下降。与过去不同，当下的儿童剧的剧本应该要体现与现代少年儿童息息相关的现实问题。这个时代是使所有人都迷惘的，儿童戏剧在创作可以立足到儿童现在真正面对的问题上，而不是把20多年前儿童喜爱的童话故事再原封不动地搬上舞台。儿童剧低幼化现象也是其不收欢迎的原因之一，现如今的儿童随着社会的不断进步，他们的思考能力也不断地提升，而儿童剧制作更关注教育，边看戏边给孩子灌输道理，但现在的儿童们往往有超年龄的思考方式，以说教的形式灌输只会让他们感到反感，相比之下，国外的制作思路是更多娱乐，开拓想象力。他们也有真善美的道理，但不是强加灌输。置身国外的儿童剧院，全是笑声，而且，年轻人也都进去看。让孩子自己独立思考，自己体会其中所要表达的内容比传统说教形式的灌输可能会有更好的效果。不仅如此，家长带孩子去看儿童剧不仅仅是为了让孩子在娱乐中了解知识，更是一种亲子活动，拉近父母与孩子之间的距离。所以，改变原儿童剧创作题材与创作方式，拓宽观众的年龄层，打开青少年市场的根本措施就是提高作品的原创性，提高作品的原创性的重担也不完全是落在编剧的头上。如北京市儿童艺术剧团制作的大型魔幻话剧《迷宫》在风格、形式以及内容上全面创新；不仅强调了儿童剧的教育功能还凸显出它的娱乐性，即寓教于乐，摆脱传统的说教方式的剧目；除此之外，舞台制作方面邀请了国内一流的灯光，舞美设计和韩国顶级特技设计公司参与设计。在《迷宫》的创作演出中，公司将剧目的策划、生产同衍生产品的设计、制作和销售通盘考虑。在市场调查的基础上，本着造型精美、制作精良和样式丰富的原则，在人物的设置方面突出奇特、好玩、系列化的特点。他们设计出节目单、海报、小贴画、课程表、手提袋、偶形玩具、小道具、纪念章、钥匙链、手机链、T恤衫、搪胶玩具、吸管杯、《迷宫》纪录片DVD 等14种相关产品。还涉及了图书出版领域。与北京青年报社共同策划，根据《北京青年报》"寻找孩子的道德细节"系列报道编辑成书的《小果冻今天懂事了》，于"六一"儿童节与孩子们见面，在演出现场、西单图书大厦等地销售良好，并成为西单图书大厦的上榜图书，得到社会的普遍赞誉，产生了较好的社会反响。由此可见，原创性不单单指剧本上的创新，剧目的制作设计和衍生品的开发同样能体现原创性。文化精品的意义，在于为人民群众提供一种经典的文化消费产品。文化精品只有被消费了，才能体现精品的价值。从而带动整个相关企业的发展。增强创作热情与活力，提高作品的原创性，实现精品文化生产消费的良性循环。显然北京儿童艺术剧团很有远见，他们知道制作儿童剧成本是很高的，仅仅想从售票这一环节将成本收回是有风险的，而儿童剧的延伸产品的形式和种类比较丰富，制作成本也不高，有利于实现创作上的可持续发展。

三、师法古今、跨界整合，探索创作手法

方法是实现目标的"船舶"和"桥梁"，也是艺术理想实现的重要条件和手段。方法是个体的，也具有群体意义，因为任何个体方法的形成，都是通过群体的实践、检验和定式，才能形成自己独特的方法。艺术普遍的表现规律如此，具有独特个性特征的艺术创作更是这样，而且艺术创作具备了方法上的最基本、最本质的特点，那就是独特的个性特征。独特性和朴实性的结合，又是真正具有高度艺术技巧和高度艺术特性的艺术作品的体现。其艺术表现是卓尔不群的，而方式方法又是朴实无华的。独特而朴实的艺术是真实生活的写照，是艺术源于生活又高于生活的体现。凡是打动人心

的艺术品，都不是简单和乏味地对生活的"描摹"，而总是艺术家匠心独运的安排和勾画产生的。能否运用高超优美又朴实隽永的艺术技巧和方式方法，表面看似乎是艺术家主观"偶为"，实则是艺术家生活积累和艺术功底与实践工夫的放映和写照。[1]

　　北京文化精品的创作问题上除了原创力不足，缺乏创作活力以外，还有创作手法方面的问题。下面，笔者以动画创作方法的革新为例进行探讨：动画产业是动漫产业中最具活力的重要组成部分。动漫产业相关政策的出台直接推动了动画产业的发展。例如，北京卡酷传媒有限公司是北京动画产业发展的标杆。2006年到2009年，卡酷动画卫视曾连续4年荣获广电总局全国优秀动画频道一等奖。2009年，其生产动画片11部4465分钟，占全国总产量的2.6%。产量位居北京市第一，在全国十大原创动画制作机构中排名第9。2010年，荣获广电总局"全国优秀少儿频道、动画频道特等奖"。广电总局2010年北京市原创动画片的生产统计数据显示：北京卡酷动画卫星频道有限公司的生产动画片数量仅仅排在第5位，已经落后于北京万豪天际文化传播有限公司、北京联盟影业投资有限公司、北京青青树动漫科技有限公司、北京神笔动画制作有限公司四家新兴标杆企业。事实证明，没有新的创作方法，就无法巩固自己在创意产业领域的领先地位。再如，从2007年至2010年北京市国产电视动画片生产及排名情况来看，北京一直没有进入全国各省生产数量排名的前五位（不含在京的央视企业）。2010年，北京市被广电总局推荐全国播出的优秀动画片只有6部，而位居第1的江苏有16部。北京市近四年被推荐的全部优秀动画片才13部。北京在全国比较有影响力的动画片只有《快乐东西》《武林外传》等少数几部片子。除了向国内外同行学习之外，北京动画界还应该向我国早期动画创作取经。然在20世纪四五十年代，以上海美术电影制厂为代表，中

---

1 彭吉象等：《艺术概论》，上海音乐出版社，2007年，第180—181页。

国民族化的动画也曾有过辉煌。在1940年制作的《铁扇公主》，还有从大量借鉴京剧手法制作的《大闹天宫》、齐白石的《小蝌蚪找妈妈》、国画色彩鲜明的《鹿铃》。1980年之前制作的动画片数量虽少，但其画面的精美、富有特色的个性、故事情节的不落俗套、艺术含量之高绝对在世界动画中处于一流的水平。水墨动画、蜡染动画、剪纸动画、木偶动画，品种的丰富更是让人赞叹，每一种类型的动画都有精品，而且题材也非常多样。然而，由于受到国外的冲击，中国的传统文化元素在动画创作中被边缘化了。上下五千年，中国拥有丰富的民族元素作为创作题材。如何将民族传统文化与当下时代特点相结合是我们需要探讨的，这其中有一部动画电影值得我们借鉴一下，美国迪士尼动画《花木兰》基本上是中国儿童都熟知的一部电影，虽然原故事只有短短的几百字，讲述了中国孝女用实际行动反对封建统治。为了贴合时代性，迪士尼公司巧妙地将故事的主题改编成父女之间的感情和一个少女勇敢追寻自我的剧本，这样能得到观众更多的共鸣与认同。在人物形象方面，迪士尼公司下了很大的功夫设计出一个具有东方特点的女性，细柳眉，丹凤眼，黑长发，小鼻子。同时，为了突出动画的娱乐性，除了花木兰外，还有一个鬼灵精怪，喋喋不休的木须龙，为故事增添了活力。很明显，在创作手法上，迪士尼公司下了很大的功夫，让中国传统民族文化与当前流行文化紧密结合，使得影片既具有中国民族元素，又具有典型的美国精神。

此外，近年来兴起的戏曲动画也是一种值得借鉴的创新方法。中国戏曲是一门开放性艺术，在发展过程中不断向更广博的领域汲取营养，融合舞蹈、音乐、文学、美术、服饰等多种艺术形式，形成独特的艺术综合。自宋元南戏形成依赖，中国戏曲创造了元杂剧，明清传奇和清代地方戏三次艺术巅峰。随着新媒体时代的来临，原始的舞台戏曲形式早已失去了主流娱乐的地位，但是，戏曲

仍然以其丰富的艺术元素和深厚的文化内涵成为中国艺术者们取之不尽的灵感源泉。在动画界树立本土动漫品牌的战略需求下，在戏曲元素的挖掘与利用方面做出了努力。现在的戏曲动画作品剧情多由原有曲目改编、缩减而来，由于戏曲动画研究项目最初是基于抢救濒危戏曲文化和开发原创动漫的目的而启动的，因此，创作者背负着沉重的使命感，导致戏曲动画过度侧重于表现戏剧自身的文化要素，缺乏动漫作品应该具备的娱乐性特征，不仅不能让儿童爱上戏曲，还会让他们对戏曲产生厌恶感。如何用创作手法有机地将二者结合，是创作者们需要思考的，在这个问题上，有专业人士提出，结构重组，全面提升娱乐欣赏性的观点。就是讲戏曲中的题材，身段动作，服装道具，唱腔伴奏，舞台背景，脸谱化妆等各种组成元素分离出来，再将其有机融合到动画制作中。所以，直接将戏曲元素照搬过来是行不通的，必须运用动画表现手法进行重新勾勒，使得戏曲与动画合为一体，这样才能使戏曲动画既不失戏曲的韵味，又能以高度的娱乐性和欣赏性被年轻一代接纳。

跨界创新，不断推陈出是新式创作的必经之路。创作者们要勇于挑战新的创作手法，创作手法从单一到多变。例如，美国梦工厂电影制作公司推出的《怪物史莱克》，这部影片之所以成为经典，正是因为该影片采用的新颖别致、有别于传统动画片的后现代主义。后现代主义自20世纪60年代产生以来，以解构和颠覆传统的全新姿态，极大地影响和改变了人们在文化艺术领域尤其是文化创作方面的传统观念。影片《怪物史莱克》的创作手法体现了很多后现代主义文学的基本特征，如在男女主人公形象的设计上对传统郎才女貌的观点进行颠覆，在视觉上给观众强烈的震撼和冲击，让人们惊讶之余又感到耳目一新。另外在次要人物的设计上运用了后现代主义文学创作的重要手法——戏仿。影片《怪物史莱克》中充满了对很多经典童话故事的戏仿。如经典童话《白雪公主》中的白雪公主是一个善良单纯的美丽姑娘，被嫉妒她美貌的积木骗吃毒苹果而死。后来被意味王子救活并与王子相爱而得到幸福的结局。但在《怪物史莱克1》中出现的白雪公主只是躺在棺材里的死人形象。在《怪物史莱克2》中，众多童话人物出席皇家舞会为菲欧娜公主和史莱克祝贺。拇指汤姆和拇指姑娘刚出现，就被打扫卫生的佣人当成垃圾扫进了垃圾桶；睡美人刚下马车就累得倒地而睡等这些场景都凸显出后现代主义的创作风格。但是影片在结尾还是继承了传统童话故事中弘扬的惩恶扬善、追求坚贞爱情等传统主题，并且影片的深层主题最终回归到最传统的价值体系。

后现代主义自20世纪60年代产生以来，以解构和颠覆传统的全新姿态，极大地影响和改变了人们在文化艺术领域尤其是文学创作方面的传统观念。《怪物史莱克》的创作手法体现了很多后现代主义文学的基本特征，但与传统文化又有着紧密的联系，史莱克内心善良，却不被别人理解、备受冷遇，但是当剧中人物落难向他求救时，史莱克还是忍不住出手相救。整个故事的中心还是向观众传递着正能量，最终有情人终成眷属。

总之，文化精品是一个国家和时代文化发展水平的标志，其创作生产，本身即带有个性化的特点，是个人生活与艺术的个性化体验，同时又是社会主流价值的体现，需要个人审美情趣和大众欣赏习惯的结合。北京作为首都，更是全国文化中心，因此，提高北京地区文化产业的整体水平，加大培养优秀创作人才的力度，在创作方面打好基础，改变创作者们在创作观念上的误区，提高原创能力与创新动力，大胆尝试多种的创作手法，才能推出更多更优良，反映当时社会的主流价值观的优秀文化精品。

第二节 影响北京文化精品创作的环境机制问题

促进文化平等、自由表达和开放交流是一个理想的状态。从全球范围看，文化政策上有四种模式：第一是以美国为代表的提供便利型，美国没有文化部，是完全自由竞争的市场经济，只有对那些非营利组织或者是公共空间的组织在税收捐赠等方面有一些财务上的优惠；第二是以英国为代表的庇护型，通过异地间隔建立很多艺术委员会，然后通过艺术委员会对这些公共空间进行资助；第三是建筑师型，就是进行顶层设计，这种是以法国为代表，法国有文化部，进行顶层设计是为了捍卫自己的文化传统，设计完之后交给省市县去运营，同时文化资源和财政资金也进行相应的分配，这一点跟中国很像；第四是属于工程师型，这是一种计划经济体制下的类型，已经在逐渐消失。[2]

北京市文化精品创作立足于首都文化建设工程。它源于北京作为首都的城市地位，具有独特的性质和功能。北京市文化精品创作是首都文化人的神圣使命，是以北京市文化资源利用和文化品牌建设为主要内容。

根据北京市《关于发挥文化中心作用加快建设中国特色社会主义先进文化之都的意见》，到2020年，北京市将建设成为在国内发挥示范带动作用、在国际上具有重大影响力的著名文化中心城市，并成为全国文化精品创作中心、文化创意培育中心、文化人才集聚教育中心、文化要素配置中心、文化信息传播中心、文化交流展示中心。

党的十七届六中全会之后，北京市委市政府按照中央统一部署，推动首都文化大发展、大繁荣，全市充分发挥不同体制各艺术生产单位作用，着力打造原创、当代、北京的精品力作，推出了一

---

2 王剑：《营造理想的公共文化空间》，《中国科学报》，2013年1月15日。

大批优秀的舞台剧精品、歌曲、影视作品、出版物以及新闻栏目，在全国精神文明建设"五个一工程"评奖中屡获殊荣。

（一）北京文化精品创作的历史条件

作为首都，作为全世界瞩目的"中国窗口"，北京的历史文化积淀特别深厚，人才、科技等优势资源特别丰富，文化基础设施总量居全国之首，文化创意产业当仁不让"领跑"全国，从各个方面看，北京都有责任有条件发挥示范带动作用，为推动文化大发展大繁荣做出表率，为全国创造和积累先进经验，都有责任有条件以首善的标准，更加自觉地承担起推动先进文化发展的重任。

北京市文化精品创作不同于一般城市，应当是集全国之大成者的文化精品，是集全国之精英的文化精品，是国际窗口的文化精品。它预示伴随改革开放的深入，北京市文化建设工作开始超越行政系统直辖所属的狭隘意识，进入国家视野、世界眼光的大背景。这种特殊的文化精品创作定位则是基于其深厚的历史条件。

首先，北京作为保存完好的，具有3000多年建城史和800多年建都史的城市，具有完整的明清两个朝代的皇家建筑文化遗存。北京是东方文化中唯一保存规模最大、最完整的皇家建筑文化的所在地。皇家文化是民间文化的提炼，同时又反映到民间文化之中，我们可以在北京处处感受到他的存在。

其次，首都具有强大的凝聚功能。北京作为中国三个朝代的首都，文化、经济高度发达，数百年来不断凝聚全国最优秀的文化落户，形成了北京特有的，集全国文化精英之大成的文化现象。北京作为新中国的首都，这种凝聚活动至今仍然没有中断。北京作为一国首都，承担对外交流的职能。

最后，北京作为首都，政治、经济、文化相对发达，对于全国优秀人才、资本、技术具有巨大的聚集力。这些优秀人才也在不断地创造，形成北京的地域文化。形成一个个"北京模式""北京现

建造世界精品殿堂

象"向全国推广辐射。

（二）北京文化精品创作的环境条件

北京市实施文化精品工程，要处理好社会效益和经济效益的关系，始终把社会效益放在首位，努力做到两个效益有机统一；处理好数量与质量的关系，在不断丰富品种、数量的基础上，着力提高质量和水平；处理好传统与现代、民族与世界的关系，既强调"走出去"，也做好"引进来"。要充分尊重艺术规律、尊重艺术家，加强服务，加大政策支持力度，大力吸引人才、培养人才，打造航母型精品创作主体，全力实施文化与科技双轮驱动战略，把北京建设成有世界影响力的科技文化创新之城。

1. 创意为先，保护知识产权，创作环境和空间日趋良好

北京市艺术作品精彩纷呈，创作水平整体提升，以具有导向性、代表性、示范性的重大艺术活动引导艺术创作，围绕党和国家中心工作，利用重大节庆契机，推出一批主题突出的优秀艺术作品。如：《复兴之路》、中国歌剧舞剧院的大型原创歌剧《红河谷》、中国东方演艺集团有限公司创作的歌舞《水墨中华》等作品都是文化建设中的精品。多样化的艺术展演活动，推动着各门类艺术的持续繁荣，也为观众敞开了欣赏舞台艺术的大门。与此同时，民营艺术院团的发展空间进一步拓展，数量日益增多，活力更加凸显。

近年来，北京市文化主管部门、艺术创作团队以及相关研究者普遍认同，文化精品的建设需要广泛的创作和创意基础。生活是文艺创作的源泉，文艺精品来源于人民群众、服务于人民群众的需求。因此，在推动文化精品建设创作方面，北京市鼓励艺术创作与创新。在舆论和环境体系上对于原创精品给予了高度的重视，特别是在文化创意领域的版权保护、知识产权保护。同时对于民间、民营、公益性文艺组织也给予了更多的关注，帮助他们发现和推出好的原创作品，充分认定原创的价值。并通过政府采购的方式对于原

创文化精品给予了特殊的补贴和扶持。例如，2012年，北京市有各类文化创意企业5万多家，其中规模以上企业8000余家，北京市文化创意原创性作品著作权登记数占全国的50%以上。

2．政府扶持力度加大，多元化投入方式凸显

响应国家在"十五"期间开始实施舞台艺术精品工程，北京市政府对于公共文化服务和文化创意产业建设给予了空前的扶持。截至2012年初，北京市共有专业艺术剧团35个，年度演出场次为11757场，艺术表演场所68个，年度观众数达到了931万人次（见表1）。在近十年中，北京市专业艺术剧团和表演场所的演出场次呈现了持续增加的局面。

表1 北京市专业艺术剧团、艺术表演场所情况[3]

年份	专业艺术剧团					艺术表演场所				
	个数	从业人员	演出场次	国内演出场次	国内观众人数（万人次）	个数	从业人员	演出场次	艺术演出场次	观众人数（万人次）
2000	31	5089		7610	926.0	24	739	25922	2088	272.9
2005	36	6986	11059	8934	758.7	39	1313	26931	7160	542.9
2009	35	7504	10131	9684	863.0	73	1798	59464	14061	791.0
2010	35	7415	10983	10483	1108.0	73	2879	54376	16941	1035.0
2011	35	6713	11757	11069	1173.0	68	2954	54905	16625	931.0

同样的，纵观近年来北京市财政对于文化事业的投入，从2006年的40.51亿元提升到了2011年的87.01亿元，在财政支出整体比重中一直保持着2.5%的平均比重（见图1）。对于涉及公共文化服务的领域，北京市通过各区文化主管部门和协会中心采取了政府财政直接支持、项目补贴以及政府购买的形式。

---

3 数据来源：北京市统计局网站，www.bjstats.gov.cn/。

年份	2006	2007	2008	2009	2010	2011
■ 财政支出总额	1411.58	2067.65	2400.93	2820.86	4064.97	4574.94
■ 文化事业和传媒	40.51	53.62	61.11	74.75	79.36	87.01

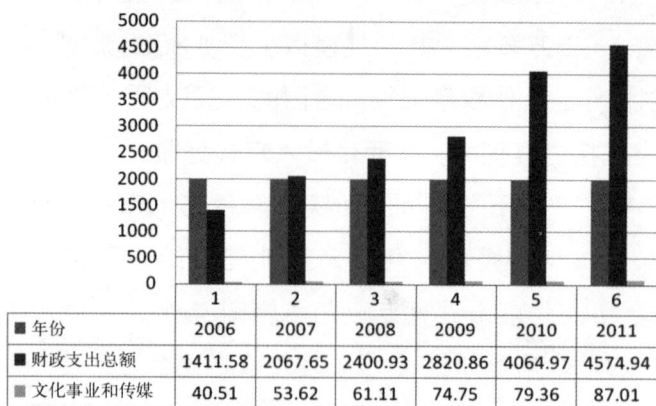

图1 2006—2011年北京市关于文化事业支出　　（单位：亿元）[4]

在文化创意产业方面，截止到2011年末，北京中资银行的文创产业贷款余额（不含票据）达到444.5亿元，同比增长84.7%。2012年，北京市委宣传部、北京市金融工作局共同起草的《关于金融促进首都文化创意产业发展的意见》中提出，北京市将连续4年（2012—2015年），每年统筹安排资金100亿元，用于支持首都文化创意产业发展。未来几年，北京市将加快文化创意产业信贷体系、直接融资体系和文化股权体系等方面的完善和创新发展。

具体到演出市场，以2012年为例，北京市各剧场为吸引更多的普通百姓走入剧场，在北京市政府有关部门的引导和政策支持下，纷纷推出了低票价政策。如：2012年初首都剧院联盟推行了联盟成员低票价的举措。春节期间，包括中央、市属和民营的30家首都剧院联盟成员单位，集体打出低价牌，把100元以下的低票价座位数增加到总体座位数的20%左右。据统计，长假期间，北京43家主要剧场共完成演出298场，观众近30万人次，平均上座率达69.2%，比上年同期上升5个百分点。国家大剧院、中山公园音乐堂等重点剧场都推出了50至100元的低价票。长安大戏院，像《秦香莲》《红鬃

---

4 数据来源：北京市统计局网站，www.bjstats.gov.cn／。

烈马》这样的经典剧目票价甚至20元起步。初步统计：音乐剧类演出比上年同类演出票价下降49%，歌舞类演出比上年同类演出票价下降18%，京剧类演出比上年同类票价下降了36%。[5]

3. 重视文化创意人才培养，鼓励吸引文化精品创作人才

近年来，全国各级艺术表演团体从业人员不断增加。2010年，全国艺术表演团体从业人员22.07万人，比上年增长6%。截至2012年初，北京市艺术表演团队从业人员为2954人，相较于2000年初的739人，增长了3%。

同时，随着北京市经济体制改革和文化事业单位体制改革的深入，众多北京市文艺院团改制，实行公开招聘、全员聘用、岗位考核、收入分配等一系列改革措施，引入竞争机制，按岗位设定年薪，实施风险共担方案。坚持效率优先、兼顾公平，加大向一线演员倾斜的力度。从鼓励原创、鼓励出精品的角度，借鉴科技产业发展的经验，北京市实现产学研企全方位的对接，特别是实现人才培养的对接。将北京市专业院校人才培养与院团及文化市场的人才需求对接，建立院团、文化企业的人才实训基地，扩大艺术人力资源储备。

一、 环境的宽容度和开放性问题

结合以上分析来思考环境宽容度与开放性发展战略，可以初步确定政府在其中的角色。就政府而言，主要责任应当是对文化产业资源进行整体的调查、规划与评估，并制定出基于区域定位的战略思路与市场竞争机制的产业政策。对北京市的优势艺术机构或工作室在创作上的发展予以大力支持。此外，应当重点培养人才，包括管理、指导部门的管理人才，协助、支持人才、艺术资源的开发。

从具体的发展与策划来说，政府有责任首先对内（尤其是对民间资本）开放部分垄断资源。但是，由于在现阶段政府的行政干预

---

5 数据来源：北京市演出协会2012年演出报告，http://www.bjycxh.com。

建造世界精品殿堂

仍比较多，从政府角度所做的文化精品工程发展战略也要落在实处，而不仅仅是宏观性的指导。例如，最近许多地区都提出发展旅游业、会展业等的口号，但大多数缺乏整体性的资源规划、产业链整合和定位的战略。以发展旅游业为支柱产业的某市为例，该市缺乏丰富的人文历史遗迹和综合娱乐的旅游内容，游客也很少在该市停留过夜。政府应想方设法建设具有独特性的游乐内容，创造真正意义上的"文化旅游"，而不是拿出大笔资金来做一些没有实际内容的广告宣传。

另外，在对区域文化精品工程的资源现状做出战略规划上滞后，政府可以鼓励地方艺术机构与其他地区形成资源互补，并开放部分垄断资源，以吸引外来艺术家、艺术机构的入驻与投入。

二、创作、传播与接受机制的优化问题

在艺术系统优化问题上，应当结合艺术作品自身特点，不能单纯将个案与理论模型套用于现场情境，应该对其进行适当调整，使其能够合理地揭示艺术作品的规律。应当在艺术作品与艺术演出、活动中，观众体验从源头接受美学与欣赏惯性相结合，还原真实情境，从总体把握观众体验的每个可以接触的点，并且通过对艺术作品反映人性的分析，得出一个作品带给观众是否好的体验的各个构成元素。

应当注重艺术作品传播推广的实操性，结合社会发展所产生的各种影响，可以通过典型案例与具体理论分析模型，对艺术产品与对象进行一定的科学分析与呈现，希冀通过各个点的有机结合，站在系统上，对各个环节进行有效的认知与把握。力求做到文化产品及活动观众拓展创新体系建构更加完善与合理。

总之，最重要的还是应该结合北京各种文化市场环境的实情，给予对象以适当的调整，让观众体验在艺术系统中成为艺术产品及活动营销的有效途径。

三、激励机制和节事活动平台的有效性问题

随着国家对文化创意及文化产品的重视，众多以政府为导向标的企事业文艺团体、机构已经开始向文化产业链扩展，比如出版行业与发行行业的联合，用人脑经济置换出产业经济。在政府扶持与鼓励方面，很多艺术机构均走到了前列。获得政府的认证及北京市的现金奖励。顺应时代要求，多角度促进艺术机构与国家文化发展方向的接轨，争取获得政府的政策和资金支持。

首先，应建立艺术资本多元投入、创作过程立体培养和艺术消费市场个性定制三结合的艺术产品、观众培养体系。艺术产品及观众的培养需要社会各界的参与和关注，需要多渠道、多元化的投入，从而为提升艺术产品创造力及质量表现提供必要的资金支持。

其次，实施艺术家的激励机制，构建艺术人才宏观激励和微观激励相结合的全面激励机制。在宏观层面，可以通过政府给予艺术创作的扶持政策吸引人才，间接激励创意设计人才的工作积极性；在微观层面，通过设计清晰的职业生涯、科学的培训体系、多轨道晋升制度、充分授权、建立良好的沟通环境、和谐的团队文化、建立项目奖金和股票期权激励制度等措施，留住人才。

最后，应该集中力量引进和培养艺术家团队。发挥首都科研院所、高校的智力资源优势，鼓励和支持他们与企业建立互动、互助、互促的关系，凝聚各方力量，培养精英团队和领军人才。

举办文化艺术节事活动，可以极大促进城市的交通、通讯、城建、绿化等基础设施建设的步伐，优化城市环境，尤其是对于交通条件的改善具有很大的推动作用。在实际工作中，各城市在举办节事活动之前，都十分重视交通等城市基础设施的完善工作。

在西方国家，为了更好地管理节事活动，很多城市都设有专门的节事管理机构。例如，美国芝加哥市就设有市长特殊事件办公室，管理一年一度的芝加哥节和其他各种政府及社区节事；在新加

建造世界精品殿堂

坡，由旅游局展览会议署承担节事旅游宏观管理职能。在我国，北京市旅游局第一个成立了国际会展奖励旅游开发处，主要负责城市节事的组织、培训、信息咨询、行业协调及市场开发规划等事务。而对于具体的节事活动及其引发的旅游活动（统称为节事旅游活动）的管理上，我国各城市都扮演着不同的角色，采取了不同的管理方法。

由于我国一些大型节事活动都带有社会公益性质，政府在其中必须担负起牵头和主办角色，参考相关文献及实际情况，目前许多城市都采用了"政府主导、联合承办、联动开发"的管理模式，它具有政府包办模式的一些特点，但也在不断地加入一些市场化运作的成分。如中国国际高新技术成果交易会（深圳），由各部委（局）和深圳市政府共同举办，并坚持与企业、市场联动开发等原则，面向国内外科研院所、企业、高等院校、投资和中介机构，提供交易服务。

还有一种更为适合文化精品工程的模式，为政府引导、社会参与、市场运作的模式针对我国各地并不成熟的市场环境以及政府有限的资金能力，城市节事旅游越来越倾向于"政府引导、社会参与、市场运作"的管理模式，这种模式的特点是：政府仍旧是重要的主办单位，政府引导作用主要体现在确定节事活动的主题及名称，并以政府名义进行召集和对外的宣传；社会参与就是充分调动社会各方面的力量来办好节事活动，包括营造节事环境氛围、参与各项具体活动等方面；市场运作则指城市节事活动的举办过程，交给市场来运作，比如节事活动的冠名权、赞助商、广告宣传等方面，都可以采用市场竞争的方式。

激励更多的企事业单位参加。目前如青岛国际啤酒节、哈尔滨冰雪节、中国潍坊风筝节、广州国际美食、南宁国际民歌节等国内几个著名的大型城市节事活动就是按照这种模式来运作的。

第三节 关于北京文化精品创作的对策思考

对于北京文化创作精品的问题而言，了解其重要性，提出解决的办法已经是尤为重要的。大家知道，很长时间以来，我们文化创作与创作的主体，就本身创作资本而言毋庸置疑，但在创作生产的方向上却屡屡跑偏，这主要表现在脱离群众、脱离生活的虚无主义、自由主义、空想主义等错误倾向。因此，尤其是在这个网络逐步占领大片文化阵地的今天，解决文化创作精品产生的引导问题表现得更为重要和急迫。

北京市政府制定明确路线，宏观指引着文化创作者和文化精品的创作方向。让文化的创作精品与文化创作者要真正从群众需要出发。这为我们文化创作工作者指明了根本的方向或者说创作生产的根本主旨。尽管我们在践行文化创作要深入群众的思想指导下，早文化创作上进行着不断的探索和努力，但哪一次的探索和努力似乎都没有这一次更有方向感，原因就在"要真正从群众需要出发"的"真正"两字。"真正"二字看似简单，却蕴意深刻。这是一个真正为人民谋福利的政党真正从人民群众的精神文化生活需求出发，在几经探索几经实践的基础上做出的最为深刻真正能提升老百姓精神生活质量的思想决策。同时，这对我们文化创作者来说也是最根本要求，也为北京创作生产主体文化产品的创作与生产指明了更为确切的方向。当前，干扰北京文化创作精品创作主体的最大问题依然是思想意识形态问题。主要表现在两个方面：一是受市场经济大背景的影响，对文化产品创作生产在方向上产生模糊，文化根本的"公益性"与文化衍生的"市场化""产业化"发生意识形态上的错乱混淆；二是现实或网络中不断出现繁衍的所谓"新文化产品"或"新文化现象"等"三俗"思想对创作生产主体的侵蚀。因此，如果没有一条根本的或者非常坚定的指针指导创作生产，那么

我们的文化创作精品就难免会落入"三俗"的低谷。政府要指引文化创作者真正从群众需要出发,这也再一次明确了文化"公益"的根本性质。这种根本性,就是文化的灵魂。北京当地多举办公益性演出,如唱红歌活动,《歌唱祖国》《走进新时代》,一首首飞扬的红歌响彻京城。这种红色文化活动极大地增强了先进文化的影响力,提振了广大干部群众的精气神。

在打造文化精品力作方面,以"中国三高"的推出为例,这个项目不仅获得了艺术上的成功,也成为文化创意产业的成功案例,被人们津津乐道。而用一台演出形象地阐释北京精神的大型情景音舞诗画《天安门》,则通过先进高科技与传统文艺表演的完美结合,让观众看到了崭新的舞台表现方式,震撼的视听感受让很多观众感慨当今舞台艺术与科技融合发展的速度太快了。文化大发展大繁荣为传统艺术的发展创造了难得的历史机遇。要抓住机遇,珍惜机遇,多创作出一些能够体现"原创的、当代的、北京的"精品力作。不仅要以实际行动弘扬北京精神,还可以将北京精神作为艺术创作对象,奉献给观众。大型情景音舞诗画《天安门》中有一个场景,用几千张普通人在天安门前面拍下的照片组成一个天安门的剪影,这样的设计给人留下非常深刻的印象。艺术的魅力就在于此,用艺术感动观众,表现真善美,是艺术工作者的天职。

大力弘扬社会主义核心价值体系过程中,关于核心价值体系四个方面内容的理论研究和学术出版物也很多,但理论和学术性较强,不容易为广大民众理解和接受。北京精神概括得特别好。北京精神从爱国、创新、包容、厚德四个方面,用通俗易懂的语言对社会主义核心价值体系进行宣传,老百姓容易接受和理解,效果很好。文化出版行业工作者要加大对北京精神的宣传力度。可以创作以北京精神为题材的儿童剧、音乐剧作品。对于孩子来讲,多媒体刺激的吸引力要大于纯粹的文字和图画。用舞台艺术来讲述北京精神，会让这些精神在孩子们幼小的心灵中扎下根来。

文化创新并不是一个新提出的概念，北京提出文化创新，与北京的城市定位有关。国务院对北京的定位是政治中心和文化中心。十七届六中全会上，也专门提到了对北京的文化创作精品。文化，在今天的背景下，对北京尤其重要。北京近年来一直在提科技文化"双轮驱动"。科技创新在中关村自主创新示范区的实践中，实际上通过科技生产力带动了生产关系的发展，那么文化的创新也是整体创新。

为了推动北京文艺精品创作，促进文化交流，需要通过加强人才培养、题材研发、政策支持力度等，全力推出精品，创作出真正让百姓喜爱的优秀作品。突出"精" 狠抓"品"。着力创新艺术生产思维、整合艺术生产资源，狠抓原创、当代、北京的文艺精品创作，从56台新创剧目中选出36台参加"颂扬北京精神，讴歌伟大时代"。创作过程中，我们突出"精"、狠抓"品"，全力锤炼文艺精品。文艺创作生产突出"精"，要精深了解时代脉搏。文艺创作必须扎根于现实，坚持"走转改"，深刻把握首都科学发展的伟大实践，与时代发展同步，与人民呼声合拍，积极传扬"北京精神"，生动反映火热的现实生活。精于本体的创作，从剧本创作、剧目编排、舞美制作等各个环节狠下功夫，努力实现思想性、艺术性和观赏性的完美统一。精雕情节，在故事情节、人物形象、剧本台词、舞台表现等各方面不断打磨，精益求精。精心谋划市场，文艺创作生产切实追求"品"。全力彰显时代的品格，深刻反映时代内涵，展示人性品格。努力引领时代的品位，着力实现较高的品质。在剧本、导演、演员、舞台、道具、灯光、音效、服装、化装等各个方面严格要求。

打造北京都市文化新名片，赵宝刚导演一直关注着北京的地域文化，之前的各省市地域特色电视剧都在演绎和展示逝去的年代和历史沉淀的内容，但是我们要展示的北京不仅有浓厚的历史积

建造世界精品殿堂

淀，我们更希望打造北京都市文化新名片——现代、时尚、文化的北京，《北京青年》应运而生。《北京青年》是赵宝刚"青春三部曲"的终结篇，它延续了《奋斗》《我的青春谁做主》中关于青春的话题。就像专家评价所说，《北京青年》不仅是一部电视剧，他更有哲学层面的内涵，符合我们中国传统的修身、齐家、治国、平天下的见识。展示给观众的是新一代"北京青年"们不断改变、创新、前行的精神追求。文化创作者的文化创作精品是一种穿透历史的精神思索。文化创作者需要不仅仅只停留在历史资料的复述上，并且触及资料之后的生命难题。人生会面对种种难题：生存的难题，思考的难题，精神超越的难题，突破和创造的难题；人生会面对种种选择：生活方式的选择，生存状态的选择，爱的选择，友情的选择；人生会提出种种追问：关于生命的意义、存在的意义、爱的意义、苦难的意义、超越的意义……所有这些问题，古人与今人，文化创作者与人民大众，同样都要面对，都要经历丰富而具体的心灵过程，都会产生迷茫与困惑，都会渴求理解与沟通，正是在这些难题面前，文化创作者与历史(过往的人)、与人民大众(当代的人)之间形成了立体的对话关系。文化创作者应在史实背后，看到这些难题，表达独特的精神见解，进行文化反省，获得更广阔的精神视界和更大的心灵空间。

北京市文化创作精品应大力实施精品战略，努力为群众奉献更多更好的精神食粮。北京的文化建设必须弘扬主旋律，广大文艺工作者要坚持与时俱进，开拓创新，多创作"传得开、叫得响、留得住"的力作，多创作体现首都水平、富有时代气息和地域特色的精品，进一步繁荣首都文艺舞台和文化生活，更好地体现北京作为全国文化中心的作用和功能。

政府部门应创造良好的艺术创作氛围，激发创作者的热情；投资、制作主旋律文艺作品是国有企业义不容辞的社会责任。我们深知除了追求最大的经济利益，同时更要弘扬主流价值观，为文化大发展、大繁荣承担起企业应该担负的社会责任。当下社会有一些浮躁，我们建议政府部门应该结合文化创作的规律，出台更多的引导和鼓励政策，激发文艺工作者创作热情，引导文艺工作者能够践行"走转改"，真正地沉下心来创造出更多反映北京精神、时代特征的文艺精品。

第四节 国内外文化精品创作政策的设计经验

一、国外文化精品创作政策繁荣设计经验

（一）英国文化精品创作政策的设计经验

根据相关数字统计，英国在1997—2001年，文化创意产业产值平均增长率都在6%以上，平均年增长率为8%，而整体经济增长率平均为2.8%；与此同时，英国的文化创意产业的平均就业增长率为5%，而整体经济就业增长率为1.5%。由此可见文化创意产业已经成为英国政府推动经济增长与降低失业率的有效方式。

英国对创意产业进行了大量的基础研究，除了《英国创意产业路径文件》和《英国创意产业专题报告》两份报告之外，又相继进行了相关的基础性研究，并且政府制定了完善的文化产业政策。

成立专门的机构推动创意产业的发展。1997年英国政府成立了创意产业部，负责制定创意产业发展的政策、产业规划等工作，并且扶持了一个民间机构——英国创意产业局，下设风险投资机构和咨询评估机构，帮助一些从事制造业的企业做经济转型的工作。规划创意产业蓝图，倡导创意产业的概念，发掘文化对经济层面的影响力。政府支持创意产业从业人员的技能培训，重视知识产权保护，加强对创意产业企业财政扶持、资金扶持，鼓励文化产品出口。

英国的创意产业企业并不希望政府干预太多，只希望协助建立优质健康的环境，帮助产业未来的发展，文化媒体体育部为政府的统筹部门，扮演的是为创意产生催生的角色。针对创意产业当时面临的缺乏网络支持、缺乏经营终端、缺乏良好的策略、教育机会有限等问题，英国政府采取了注入创意投资的财务支持、智慧财产权的保护、促进输出、教育和训练等补救对策，促使了软件开发、出版、广告、电影电视、艺术设计及表演艺术等创意产业的高速发展。

（二）美国文化精品创作政策的设计经验

美国无为而治的经济政策并没有直接主导文化创意产业的发展，但政府在陆续出台的一系列政策中，无疑对文化创意产业的发展和全球竞争优势的形成起了很大的促进作用，并使之成为第一大创意产品出口国。

就政策设计而言，美国政府启动早、收效快。美国在文化精品创作方面，主要有如下有效的政策机制。

其一，美国鼓励风险投资的发展。20世纪70年代到80年代初，美国开始鼓励投资并对中小企业实行税收优惠政策。从而促进了风险投资的发展，并逐步使硅谷成为创业者的主要资金来源。其二，美国重视知识产权的保护，制定出台了各种法律法规，加大了对知识产权的保护力度。其三，美国积极推动包括创意产业在内的贸易和投资自由化，为创意产业出口扫清障碍。其四，美国国家艺术人文基金会每年将基金总额的35%以上用于向各州及团体有关创意项目提供直接资助和优秀创意成就的奖励。其五，美国凭借自身强大综合国力的优势，利用各种条件在全球范围内吸引杰出创意人才。

经过多年的沉淀与修正，美国文化精品创作的政策体系取得了如下成果。

1. 投资主体多样。美国联邦政府主要通过国家艺术基金会（NEA)等大型人文艺术基金对文化艺术业给予资助，同时，辅之以美国各州和市镇政府以及联邦政府某些部门的相关资助。从整体上讲，美国文化艺术团体得到的社会资助主要来自于公司、基金会和个人捐助等。如1997年文化艺术业的经费总额为175.83亿美元，其中社会资助为37.6亿美元，政府直接资助为20.96亿美元。

2. 实行商业运作、按市场规律经营。美国在影视、图书出版、音乐制作等行业已经建立了庞大的全球营销网络，控制了众多国家的销售网、电影院及出版集团。并利用自身在经济全球化发展进程中的有利因素，采取跨文化企业在资金、技术、信息等方面的自由流动，从而扩大海外市场，占据有利的国际竞争地位。

3. 吸引、培育丰富优秀创意人才、以法律法规和政策的方式，鼓励各州、各企业集团以及全社会对文化艺术进行支持。美国政府先后通过了《版权法》等一系列知识产权保护法规，形成了全球保护范围最广、相关规定最为详尽的法律系统。[6]

（三）日本文化精品创作政策的设计经验

日本提出"独创力关系到国家兴旺"的口号，并于1995年确立了其在未来21世纪的文化立国方略。日本在文化事务处负责艺术与文化领域的促进工作中，一方面保护文化财产，开发利用历史遗址，扩建新的民族剧院，发展和开放博物馆；另一方面制定新世纪艺术计划，扩建新的民族剧院，发展和经营民族艺术画廊。

日本作为亚洲的经济强国，一直以来在世界经济中保持着较强的影响力。二战之后，包括漫画、电视、电影及演出等内容文化产业逐渐开始复苏。2002年12月，日本国会通过了《有关振兴文化艺术的基本方针》，政府开始对于文化产业发展的基础条件发力。2007年5月，日本"亚洲前景战略会议"委员会通过《日本文化产业战略》，成为日本文化产业的纲领性文件。日本主管文化事业的

---

6 刘牧雨主编：《北京文化创意产业发展理论与实践探索》，中国经济出版社，2007年。

建造世界精品殿堂

部门是文化厅，成立于1968年，是直属日本文部省的副部级单位，主管文化艺术、文物保护、国民娱乐、国语教育及著作权等方面的工作。日本艺术院是直属文化厅的特别机构，是褒奖在文化艺术领域做出突出贡献的艺术家的荣誉机构，每年会对于表演团体给予直接的补贴或间接性的优惠政策。例如，在2010年，日本文化厅就从67个申请补贴的舞蹈表演团中选择了56个给予了4.78亿日元的补贴，对于传统表演艺术和流行娱乐演出的补贴额分别为6700万日元和1.15亿日元（见表2）。

表2　2010年日本文化厅对于演艺机构的补贴

补贴领域	申请机构数	批准机构数	金额（百万日元）
音乐	180	137	2029
舞蹈	67	56	478
剧场	249	179	956
传统表演艺术	47	35	67
流行娱乐演出	25	21	115
合计	568	428	3644

数据来源：日本文化厅2010年报，http://www.bunka.go.jp/

　　此外，成立于1990年3月的日本艺术基金（JAF）是演出团体和个人直接补助的重要渠道，目前整个基金会拥有65.3亿日元的资金，其中54.1亿日元来源于政府财政，公司和私人捐赠了11.2亿元，日本艺术基金会还建立了国家大剧院和东京大剧院等剧场机构服务于各个表演团体。1990—2009年间，整个艺术基金对于14704个申请项目给予了353亿日元的补助。[7]同时，日本文化厅每年会积极派遣具有潜力的表演者赴海外学习，在2010年共送出了不同类型的外派表演者96人，其中一年期的学习者达到了70人（见表3）。

---

7 数据来源：日本文化厅网站，http://www.bunka.go.jp/。

表3 2010年日本文化厅资助优秀表演者赴海外学习

门类	一年期	两年期	三年期	特别项目	15—17周岁
美术	27	5	1	5	—
音乐	21	3	1	6	1
舞蹈	9	—	—	2	—
戏剧舞台设计	8	1	—	1	—
电影和媒介艺术	5	—	—	—	—
合计	70	9	2	14	1

数据来源：日本文化厅2010年报，http://www.bunka.go.jp/

日本对于演艺产业也贯彻其"不干预内容"的文化政策，中央政府主要是通过文化厅和内阁官房为演艺产业发展提供一些政策辅助和指导。政府通过如音乐协会（MCA）、日本民间演出协会（JFPAA）及日本传统文化演出组织（TPAO）等非营利性质的协会组织为传统演艺团体和交响乐、芭蕾等演艺团体提供演出场所和政策资金扶持。日本政府通过税收政策的引导，使得日本的演艺公司和机构得到了诸多大型公司和个人的直接捐赠和资助。日本的国税和地税细则中都规定了捐赠艺术演出的减税细则，如大型公司对于演出的资助中，总收入的5%或总资产的0.25%可以被计入公司税进行减免。

长期以来，日本政府对于文化产业的版权问题非常重视，而且在包括对于漫画图书、电影、电视以及演出各个行业都制定了版权保护措施条列。每年度政府还会组织文化管理部门、日本知识产权保护组织（ACA）以及警察局共同合作打击盗版，2011年11月28日至11月30日在全国47个行政区划中采取了文化创意产业著作权侵权的集中取缔行动，共进行了76项搜索，逮捕30人。日本文化厅下设的文化事务委员会（OCCA）除了对于文化艺术的扶持之外，主要职能就集中在了版权保护和补贴（见图2）。

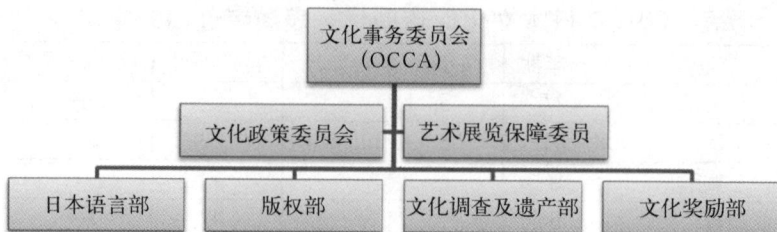

图2 日本文化事务部门职能分布

在版权保护方面，文化事业部每年的投入占到了整个预算的一半以上。2011年文化事务预算达到了1031.27亿日元，比2010年增长了1.1%，其中知识产权保护方面共投入了651.3亿日元，占到了整个预算支出的65.3%，对于传统表演艺术的扶持也达到了7.5%。

综上所述，各国文化创意产业的发展虽多以市场为基础，但政府大都通过对公共服务的完善及政策的制定为文化创意产业的发展营造良好的外部环境，积极推动文化精品创作的发展。借鉴国外政府在支持文化产业发展、文化精品创作的政策，我国应重视政策对文化创意产业、文化精品创作的推动作用，引导文化创意产业和文化精品创作实现持续、快速、协调、健康的发展。

二、北京建成文化精品创作中心的现行政策环境

中国文化事业的发展与政治和意识形态是分不开的。1949年新中国成立前，已确立文艺为人民服务并首先为工农兵服务的方向。新中国成立后，文艺院团成为"国有单位"。在计划经济体制下基本上由国家"包养"。1956年又提出"百花齐放、百家争鸣"的方针。[8]

改革开放后，随着社会主义市场经济体制的深化，原有文化体制的弊端日益暴露出来，1985年和1988年政府先后推出《关于艺术表演团体的改革意见》和《关于加快和深化表演艺术团体体制改革

8 郑新文：《艺术管理概论——香港地区经验及国内外案例》，上海音乐出版社，2009年，第18页。

的意见》，试图解决"管理权高度集中于国家、艺术表演团体缺乏生产经营的自主权、分配上的严重平均主义障碍优胜劣汰的竞争、人事管理制约人才流动更新、经费养人生产缺资金、布局不合理等"现象。同时文化市场得到承认。1990年推出"演出承包经营责任制、实施全员考评聘任、实行演出补贴办法、项目承包、剧组独立核算等"措施。[9]

2000年，"文化产业"概念被提出，并制定了有关政策。一系列深化文化体制改革的文件先后出台。2002年，在中国共产党第十六次全国代表大会上，首次把文化分为文化事业（公益性）和文化产业（非公益性），明确了文化体制改革的目标、任务和原则。2005年，国务院发出《关于深化文化体制改革的若干意见》，进一步明确公益性文化事业的改革要"增加投入、转换机制、面向市场、改善服务"，经营性文化产业要"创新体制、转换机制、面向市场、增强活力"。[10]

近年政府也鼓励民间设立经营文艺院团，并推出一系列相关政策。[11]

文化精品是一个国家和时代文化发展水平的标志，是带动文化产业全面繁荣发展的载体。它不仅看中市场价值，更看重作品或产品本身所展示的核心价值。文化产业政策作为文化产业发展的重要保障，对文化产业的发展起到引导、管理、扶持和调控的作用[12]。为此我国为推动文化产业及文化精品的良好发展，采取了自上而下

9 郑新文：《艺术管理概论——香港地区经验及国内外案例》，上海音乐出版社，2009年，第18页。

10 郑新文：《艺术管理概论——香港地区经验及国内外案例》，上海音乐出版社，2009年，第18页。

11 郑新文：《艺术管理概论——香港地区经验及国内外案例》，上海音乐出版社，2009年，第18页。

12 谢学芳：《文化产业政策的比较机理研究——以长江三角洲地区为例》，《长江论坛》，2008年第5期。

的方式，以行政力量推动展开了宣传文化领域的改革与发展。从中央到地方相继出台了一系列支持文化体制改革和文化产业发展的相关政策措施，经历了两次重大转型，呈现出一个逐步发展和变化的历程，充分配合了国家文化产业相关政策。

北京市作为全国首批文化体制改革综合试点地区，近年来，积极部署了集团化改革、实施体制机制创新、推进内部资源整合、扩大对国有试点单位政策扶持，并在各个层面的发展中取得了显著成效。

20世纪90年代，北京市将文化事业转向文化事业与文化产业并重发展。并于1996年通过并公布旨在发展文化经济的《关于加快北京市文化发展的若干意见》，正式将文化产业的发展提上政府议程。此后，大力发展文化产业，使之成为北京市支柱产业的政策导向多次出现于政府工作报告中。 2000年起草适度优先发展文化产业的《2001—2005年北京市文化建设发展纲要（讨论稿）》。2001年，以中共中央、国务院发布《关于深化新闻出版广播影视业改革的若干意见》（中办发17号文）为标志，以积极推进集团化建设作为深化改革的重点和突破口，对集团化改革进行了全面部署。同年，北京市在其体制安排上做出了调整，2001年以来，北京市在整合相关资源的基础上，先后成立京报集团、广电集团（广播电视台）、发行集团、出版集团、演艺集团等五家文化产业集团，初步形成产业链条相对完整、具备一定实力和竞争力的产业经营主体；同时，对一批市场前景好、运输能力强的国有演出团体和机构相继改制为文化企业，如儿艺、北歌、杂技团、木偶剧院、演出公司、对外文化交流公司等。改制后的企业尝试建立法人治理与现代企业制度，不断优化整合、做强做大，初步显示出新体制的旺盛活力。

2003年，中央召开文化体制改革试点工作会议，明确提出北京作为全国文化体制改革综合试点地区，要加快文化及传媒产业结构调整，同时出台《文化体制改革试点中支持文化产业发展和经营性文化事业单位转制为企业的两个规定》，提出要"鼓励、支持、引导"社会资本以股份制等形式，介入影视制作、放映、演艺、娱乐、会展、中介服务等文化产业的发展当中。

2005年，北京市委九届十一次会议上明确提出"文化创意产业"，从文化产业发展转向强调文化创意产业的重要性，正式作出发展文化创意产业的战略决策。中共中央、国务院出台《关于深化文化体制改革的若干意见》及《关于非公有资本进入文化产业的若干决定》，提出要大力推进文化领域所有制结构调整，鼓励和支持非公有资本以多种形式进入政策许可的文化产业领域，逐步形成以公有制为主体、多种所有制共同发展的文化产业格局，提高我国文化产业整体实力和竞争力。至此，北京第三产业的国内生产总值已达4616.3亿元，其比重已经上升到67.7%，经济增长贡献率66.4%，从业人员66.6%，北京产业结构接近发达国家水平[13]。

2006年，《国家"十一五"文化发展规划》颁布实施，进一步提出要认真落实《国务院关于非公有资本进入文化产业的若干决定》，创造良好的政策环境和平等机会，加强和改进服务，鼓励支持非公有经济进入政策许可的文化产业领域，支持非公有制文化企业的发展。

2006年1月底，北京市十二届人大四次会议批准通过了《北京市"十一五"时期文化创意产业发展规划》，把文化创意产业作为发展高端产业、推动优化升级的重点内容。此后又先后制定了《北京市促进文化创意产业发展的若干政策》《北京市文化创意产业贷款贴息管理办法（试行）》《关于金融支持首都文化创意产业发展的指导意见》等21个相关扶持政策，各区县和重点集聚区也根据自身产业功能定位，陆续出台一系列区域性扶持政策，为全市的产业发展、资源优化配置提供了良好的政策保障。

---

13 文化产业研究网。

同年政府发布《北京市文化创意产业分类标准》，将北京市文化创意产业分为9大类，其中包括新闻出版、广播电视、电影、软件、网络及计算机服务、广告会展、艺术品交易、设计服务、旅游与休闲娱乐等。并且在税收方面，北京市政府陆续出台了针对分类标准前8类的营业税和个人所得税相关政策，并在中关村众多园区中，将原本只针对高新技术企业所得税减免政策也适用到了园区内的其他各类文化创意企业。使得全市文化创意产业规模从2004年的613.6亿元增长到2010年的1697.7亿元，从业人员从2005年的84万人增长到2010年的122.9万人[14]。以朝阳区为例，文化创意企业的数量快速增长，到2010年末，文化创意企业达到近40000家，是2005年的2.3倍[15]。

2006年以来，在专项资金方面，北京市政府每年为文化创意产业的发展安排了5亿元的专项资金，并且采用贷款贴息、项目补贴、政府采购、后期奖励等方式，对符合重点支持方向的文化创意产业产品、服务和项目予以扶持。据统计，5年内累计资助重点产业项目500个，带动社会资金300亿元。与此同时，北京市设立了每年5亿元的集聚区基础设施专项资金，对集聚区的环境保护与治理、基础设施建设、技术提高、产业服务平台等公共设施项目给予了重点支持。5年累计支持10个集聚区的22个项目，总投资达106.351万元。

2007年开始，在基金方面，北京市政府建立创业投资引导基金以及专项担保基金，前者由北京市文化创意产业促进中心作为引导基金出资方，吸纳其余投资机构参与，对文化创意产业提供了融资支持。

2009年，国务院出台了《文化产业振兴规划》，其中明确指出了降低准入门槛，积极吸收社会资本和外资进入政策允许的文化产

---

14 资料来自于：北京市统计年鉴。
15 资料来源于：朝阳区政府网站。

业领域，之后，文化部制定《关于加快文化产业发展的指导意见》与《文化部文化产业投资指导目录》，积极鼓励非公有资本参与文化事业单位转企改制，推进国有与民营等社会资本融合发展。

2010年，按照中央有关精神和总体部署，提出在广电系统进一步整合和优化资源，推进省级电台、电视台合并，推进网络整合和三网融合试点，推进电影体制改革；国新办和中宣部力推的10家重点官网上市计划，并于9月发布转企改制试点工作方案。

2011年，中共中央召开十七届六中全会，并提出要加快发展文化产业，推动文化产业成为国民经济支柱性产业。

此外，在融资服务上，采取众多措施引导社会资本、金融资本等与文化产业对接，打造多层次投融资服务体系。由市文创中心代表领导小组分别与工行、农行、交行、北京银行等商业银行签署战略合作协议，获授信贷款额度近500亿元，已获贷款197亿元。同时，积极推动文化企业上市融资，目前北京辖区内已上市文化企业40余家，其中央企14家，市属企业26家，累计融资275亿元，2010年上市文化企业15家，融资总额达129亿元（见表4）。

表4 北京文化创意产业发展概况

年份	增加值（亿元）	比上年增长	占当年GDP比例
2004	613.6		10.1%
2005	700.4	14%	10.2%
2006	812	16%	10.3%
2007	992.6	22%	10.6%
2008	1346.4	36%	12.1%
2009	1489.9	11%	12.3%
2010	1697.7	14%	12.0%

资料来源：北京市统计年鉴

对于北京未来文化创意产业的发展，文化体制的改革、文化市场主体的培育都起着至关重要的作用。政府要注重产业政策实施的有效性，着力于提供公共服务、培育良好的产业发展环境，避免一些流于形式的举措。在北京文化创意企业的比例构成中，民营企业占到文创企业的48%以上，但国有资本的比重超过70%。大部分非公有资本是中小企业，而这些集群化的中小企业往往是城市创新的重要力量，也往往最难得到政府相关政策和资金的扶持。（见表5）在这一方面的缺失将不利于这些最具创新精神的中小企业的发展，也不利于城市创新精神的培育。

表5 从企业角度出发希望政府在发展文化创意产业方面的重点工作

	艺术与文化（％）	设计类（％）	媒体类（％）	总体（％）
大力培育文化创意产业人才	75.0	64.3	68.1	68.7
政府需要加大扶持政策的落实力度	54.7	63.1	56.5	58.5
政府需加强知识产权的保护	40.6	52.4	68.1	53.9
提升政府服务水平	47.6	33.3	41.5	42.2
创立发展基金，对创意企业进行扶持	46.9	29.8	24.6	33.2
政府应尽快出台规范行业发展的政策	39.1	40.5	13.0	31.3
为文化创意企业提供更多的政策支持	17.2	40.5	44.9	24.9
政府应促进文化创意行业的宣传与交流	39.1	17.9	17.4	24.0
对企业管理者组织新型经营管理模式的培训	9.4	28.6	24.6	21.7
政府应对文化创意产业进行明确的定义	21.9	19.0	21.7	20.7
尽快对北京文化产业的信息进行搜集和整理	18.8	25.0	11.6	18.9
政府需要调整专业人才的引进机制	17.2	14.3	13.0	14.7
政府应推进数字技术等高端技术的发展	14.1	17.9	2.9	12.0
政府应降低扶持的门槛限制	17.2	6.0	13.0	11.5
政府需尽快建立行业评估机构	4.7	11.9	7.2	8.3
提供更多的文化创意产业基地或园区	3.1	6.0	8.7	6.0
政府推动文化创意产业重点项目的建设	14.1	1.2	4.3	6.0
给予宽松的环境	0.0	3.6	11.6	5.1
政府应完善文化创意产业基础设施的建设	10.9	0.0	1.4	3.7
合计	486.2	489.6	445.9	464.6

北京已进入工业化的中后期、城市化的加速期，第三产业也已经成为北京市经济增长的动力，但是北京市的产业结构升级速度和升级水平还与发达国家的国际都市有着不小的差距。显然，文化创意产业政策的核心目标之一就应当是主动适应经济结构变动的趋势，把培育和发展具有潜力的文化创意产业放在优先位置，加快推

进产业结构优化升级，降低市场准入，在实现文化创意产业推动经济增长的同时，带动现代服务业和先进制造业的全面发展。

北京文化产业专项资金的使用和管理不严格，使用方式较少；急于求成，急于做大，忽视了市场配置资源手段的利用；并且缺乏鼓励文化创意产品交易和出口的相关政策，改革开放30多年来，我国各个行业的出口贸易均呈现顺差的发展态势，唯有文化产品与服务在国际贸易中为逆差，要使得该情况得到好转，便需要相关的政策措施来促进北京文化产品的国际贸易；与此同时，政府还应建立推进行业协会发展的政策措施，以及促进文化企业上市的专项政策。进一步提高宏观管理体制的科学性。

第五节 产生文化精品所需要的条件

北京能否成为文化精品聚集地，人才储备、内容建设和政府导向未来十年的规划至关重要，在这三方面形成有效的机制，无疑会推动北京市文化精品工程发展进程。

政府的机构设置将会越来越综合考虑传统文化资源的继承与创新、物质文化遗产与非物质文化遗产的保护与开发、全民公共文化服务体系的覆盖与共用、多样化的文化产品的生产与供给、国家形象的世界传播和国家软实力的国际提升、新兴技术的普及与市场消费主体的崛起等诸多因素，去合理界定和调整文化部门的管理职能，明确政府机构的权力范围和责任边界，包括规划好北京各艺术院校艺术创作系统、北京市艺术培训机构课程等，健全文化行政管理的责任体系，依照文化规律与市场规律真正推动文化的复兴、繁荣和发展。

同时，政府需要制定一套对外文化营销通路，对涉外人员文化交流培训，重视树立中国文化精品的当代形象。通过文化精品工程

将中国文化元素传播出去，建立自身的国际品牌，形成强大的竞争力，拥有能够带来高附加价值的高端文化精品品牌。

下面就其可能出现的问题和建议我们简单地谈论以下几点内容。

首先，是对现行文化体制的整饬和改革。北京虽是全国文化体制改革试点地区之一，但是北京文化体制改革还相对滞后于艺术类文化创新的发展。尤其是在电影、文化艺术、新闻出版、广播影视等领域仍然存在市场化不足的问题。主要还是由于政府部门管得太严以及政府职能的不明确造成的管办不分、政企不分，导致这一领域出现严重的越位、错位、缺位等现象，阻碍了其生命力的发展和成长。如电影的制作与发行、放映分属广电局和文化局两个不同的部门管理。体制的不和谐造成了本领域缺乏活力和市场适应能力，不利于文化精品的产生，因此，北京市政府应当深化文化体制改革，大力培育文化创新主体。首先将文化创意产业与文化事业完全分离，成立专门管理文化创意产业的部门，形成独立、有效的文化创意产业管理监督体制，构建优化文化创意产业发展环境的支撑平台推进政企分开、政资分开、政事分开、政府与市场中介组织分开，转变政府职能，强化市场主体地位，积极营造有利于文化创意产业发展的公开、公平、公正的市场环境。推进文化科技资源的市场化和产业化，使文化创意产业发展呈现出新的面貌。传统的资源优势迅速转化为产业发展优势。因此北京市政府应当迅速整合资源，激活发展潜力，让视觉艺术和设计艺术文化产业成为充满活力的产业，有效地带动相关产业的繁荣、活跃。

其次，完善整个文化精品生产的产业链。就目前形势来看，北京市文化精品的生产方面还存在着明显的不足，尤其是创新不足，北京雄厚的传统资源优势还不能充分地应用和开发，尤其是在视觉和设计领域，特别是国产动漫和电影方面，其深层次原因在于动画原创不足，许多动漫公司选择为国外动漫片"加工"，靠承包国外动漫片某些环节的制作，来获得微薄的收益。而且国产动漫对本土文化挖掘不足，缺乏鲜明的个性风格和民族特点。但美、日等国却屡屡重新演绎中国传统文化名著、故事，《花木兰》《功夫熊猫》等动画片均获得较高利润。[16]电影广告等方面的现象更为突出。许多国外电影大量借鉴中国元素和题材并取得较高的票房收入都时刻警醒着北京市的创新和实践能力。除了创意不足之外，另外一个明显的特点就是文化精品产业链不足，后续产品的开发跟不上脚步，大都止步于低端产品的开发和生产，很难再创新出文化精品来，因此严重阻碍了精品文化的前进和壮大。除了此类文化精品的的原创力不够之外，盗版、仿制等问题更是层出不穷，都深深危害着北京市视觉类艺术和设计类文化精品的前途命运。因此，北京市应当：(1)加大执法力度；(2)出台更多更完善的相关法律法规；(3)加大资金方面的投入；(4)同时鼓励非公有制经济和公司企业的进入。增强自主创新的能力，尤其是应当更好地利用本身优越的资源条件创造出更多的文化精品来。北京市有着雄厚的文化积淀，同时又处于科技创新的中心，北京有着诸如中关村之类的科技集群地，因此，应当与之联合，创造出更优秀更精品的文化艺术产品来。

最后，大力引进先进的人才和管理经验，努力创造文化精品品牌。北京市虽然吸引了一批优秀公司和人才，但就总体情况来看，在整体数量、规模、经济效益等方面，都与发达国家和地区存在很大的差距，缺乏具有较强竞争力的大型跨国企业集团，难以带动整个行业的发展和国际化整体水平的提升。同时北京此方面的人才不足已成为制约产业发展的重要因素。以动漫游戏产业为例，尽管国内开设动漫游戏专业的高校有近百个，但培养的人才以低端制作人员和高端纯研究人员为主，人才结构失衡，创意、创作人才缺口非

---

16 陈洁民、尹秀艳：《北京文化创意产业发展现状分析》，北京城市学院学报，2009年第4期。

常大。因此导致北京市的视觉创意艺术和设计艺术类精品很难出现大的品牌企业。以影视传媒业为例，美国有以时代华纳为代表的25家跨国影视传媒企业，其中6家企业年销售额在15亿美元以上，业务范围涉及报纸、杂志、地面电视、广播、有线电视网络、多频道节目供应、视频分配等多个领域，而北京影视行业规模较小，目前仅有歌华等少数具有影响力的传媒集团，还没有形成跨媒体、跨地区、跨行业的大型传媒集团。同样在其他现行的领域内都出现了类似的情况。因此，想要改变北京市的文化精品的现状，必须要解决此类问题的出现。

人才才是创新、创意活动的主体，是文化创意产业发展和持续繁荣的关键。北京文化名城与首都的优势地位吸引了大批文化人才，不仅包括享誉全国的文化名人、文学家、艺术家和学者，而且还有众多的领导人才、管理人才、创作人才和表演人才。北京地区集中了353家科研院所，科技人员达30万人，共有普通高等院校77所，其中设计类专业院校有37所，在校学生过万人，是国内设计人才储备最充足的地区；拥有2万多家覆盖工业、服装、广告等领域的设计公司，从业人员达10万人；聚集了方正、用友等一大批文化创意产业领域的高科技企业，微软、IBM等约400家跨国公司在北京设立了研发机构。各类专业人才聚集北京，不断开展各种创意、创新活动，不断推出新作品、新观念，使得北京文化创意产业充满活力，蓬勃发展。然而，北京视觉和设计类专业的人才还不能满足该产业发展所需。我们应加强视觉艺术和设计类艺术人才的培养和引进工作，支持在高等院校设立文化创意相关专业，重点培养视觉和设计文化创意研发设计、营销管理和经纪人才。鼓励企业与大学、院所联合，建立一批产学研一体的视觉与设计文化创意人才培养基地。加强在职培训，逐步建立教育培训和岗位实践相结合的视觉与设计文化创意人才培养机制。创新文化创意人才引进和奖励机制。拓宽人才引进绿色通道，定期编制发布文化创意产业人才开发目录，积极引进视觉和设计艺术文化创意产业的领军人物。[17]这样，有了雄厚的后备人才资源和力量，北京市的视觉与设计艺术类文化精品才会有一个量和质的飞跃，其发展状况才会有着更明朗的前景。

具体而言，北京市要建设成为文化精品创作中心，还需要着力解决如下问题。

一、艺术大师与精品人才的引进与保持

艺术大师，就是具有鲜明的个性风格的，并且其作品有艺术的高度和难度，以创新为己任，为丰富艺术表现语言耗费毕生精力而最终获得成功，引领潮流，并对当时社会及后世社会具有巨大影响力的艺术家。艺术大师不仅仅局限于绘画和书法，它包括多方面的艺术，如建筑、音乐、工艺、行为艺术等从事者中有杰出的艺术成就者。[18]

世界城市研究者戈特曼认为，"脑力密集型"产业是世界城市最重要的标志。人才竞争成为最重要的战略性竞争。"人才"成为决定一个产业发展的关键因素。公司吸引、发展、留住人才的能力是将来在竞争中取胜的最重要的砝码。作为高度推崇个体创造性的文化精品所需要的人才，则更起到了举足轻重的作用。精品人才是推动精品工程的根本动力。[19]

优秀的人才管理已经成为竞争优势的关键来源。那些在吸引、发展、激励和留住人才方面做得好的公司将会获得更多的稀缺资源，并将极大地推动公司的发展。精品工程是建立在教育的高度发

17 陈洁民、尹秀艳：《北京文化创意产业发展现状分析》，北京城市学院学报，2009年第4期。

18 http://baike.so.com/doc/5736819.html。

19 金元浦主编：《北京：走向世界城市——北京建设世界城市发展战略研究》，北京科学技术出版社，2010年，第342－343页。

建造世界精品殿堂

展基础之上的。创意产业的发展依托于国民素质的普遍提高和国民创造力的激励发扬。创造性的教育与开发是创意产业可持续发展的深厚基础。[20]

纵观我国历代文化精品,艺术精品,无疑出自观众熟知的艺术大师之手。可以说大师成就了精品,也可以说精品成就了大师。在电子产品如此风行的社会中,乔布斯以自己的独特的创作思维建立了一个世界的苹果帝国。Ipod、macintosh电脑等明星产品让苹果公司获得了一整个系列的销售量优势。Iphone的设计综合了许多技术元素,将多种技能融于一体,开创了智能的先河,并逐步垄断世界市场。而随之到来的集阅读、娱乐等功能于一体的全新平板电脑更是让美国苹果公司扭转了大局亏损的残局,实现盈利3亿美元。而因此成为世界传奇人物的乔布斯也凭借个人魅力,对广大消费者产生较大影响。苹果公司注重创新,其"永远追求卓越,不断超越自我,不断进取创新"的特点也让他在国际竞争中稳操胜券。

综合分析美国苹果公司的成功经验,无异于"大师"所带来的积极效应。离开公司多年的乔布斯依然宝刀未老,不仅使苹果公司摆脱困境,更是让它成为世界电子产业屈指可数的佼佼者。

美国文化创意产业的发展占世界的先驱地位。放眼望去,无论是google、facebook或是微软,皆是人才智慧结晶。美国特有的人才吸引政策,知识产权保护政策成为美国文化市场霸主地位的终极捍卫者。因此有大师才有精品,艺术大师与精品人才是产生文化精品所必要的条件。

对于文艺精品的创作与生产,最核心的主导力量是人才,尤其是要确保文艺乃至文化的繁荣,就需要聚集一大批从事内容创作、策划、生产的各门类创意人才,而这类人才在市场中往往是稀缺资

20 金元浦主编:《北京:走向世界城市——北京建设世界城市发展战略研究》,北京科学技术出版社,2010年,第344页。

源，因此，作为政府，除了做好文艺作品题材规划、引导，充分利用首都现有人才资源外，还需加大创意人才的培养、引进。建立与文化产业发展规律和市场经济规律相适应的分配激励机制，建立人才高地，使人才引得进、留得住。此外，政府还应为人才培养创造有利的成长环境，并且设立奖励机制，突破现有政策。[21]

二、专业化艺术人才的培养

文艺精品的创作生产，带有个性化的特点，是社会主流价值的体现。北京作为首都，要大力推进文艺精品创作生产，繁荣首都文化市场，就必须激发文艺工作者创作文艺精品的使命感和责任感，创作出代表时代最高水平的作品，努力营造文艺大师人才辈出的氛围环境[22]。

在2010年召开的首届北京人才发展高峰论坛中，数百名国内外专家学者围绕"世界城市·世界人才"这一主题，纵论北京市人才发展问题。市委常委、市人才工作领导小组副组长赵凤桐在开幕式致辞中指出，"世界城市·世界人才"是关系首都未来发展的关键问题、重大问题。[23] 吸引和培养大量世界级人才，是全面推进世界城市建设的重要内容和战略路径。相关部门要进一步树立人才是第一资源的理念，加快确立首都人才优先发展战略布局，促进社会资源向人才倾斜，创新机制，加大人才培养和引进力度，高标准、大举措地推进首都人才工作。

随着文化创意产业的不断发展，当下的高校艺术教育一方面要注重学生人文素质的教育，另一方面要结合当前文化创意产业发展的实际，改革人才培养的方案和探索育人的途径，提高创新能力的

21 马朝军主编：《发展中的北京文化产业调查与研究》，红旗出版社，2012年。

22 马朝军主编：《发展中的北京文化产业调查与研究》，红旗出版社，2012年。

23 《北京迈向世界城市的高端人才战略策论》，《北京日报》。

建造世界精品殿堂

培养和人才质量，从而适应时代发展的要求。在了解现行大艺术教育观之前，我们需要首先对"艺术教育"定义划分有所学习。

现代社会中，"艺术教育"这一个概念，有着两种不同的含义和内容。从狭义上讲，艺术教育被理解为为培养艺术家或专业艺术人才所进行的各种理论和实践教育，如各种专业艺术院校正是如此，戏剧学院培养出编剧、导演和导演，音乐学院培养出作曲家、歌唱演员和器乐演奏员等等。从广义上讲，艺术教育作为美育的核心，它的根本目标是培养全面发展的人，而不是为了培养专业艺术工作者。这种广义的艺术教育理论认为，世界上有各种不同的职业，但现代社会的人，不管他从事何种职业，都不可能不涉及艺术，他或者读小说，或者看电影，或者听音乐，或者看电视，或者欣赏舞蹈等等，总之，现代人必然涉及艺术。因此，广义的艺术教育强调普及艺术的基本知识和基本原理，通过对优秀艺术作品的评价和欣赏，来提高人们的审美修养和艺术鉴赏力，培养人们健全的审美心理结构。同时，艺术教育作为美育的核心内容，它对人们道德的完善和智力的开发也将产生深远的影响，它可以丰富人的想象力，发展人的感知力，加深人的理解力，增强人的创造力，培养全面发展的人。[24]

目前国际艺术教育新趋势体现在：在艺术学领域，应重视艺术社会功能研究方面。艺术总是跟社会需要联系在一起，如果不与社会发生关系，自发性无法导致艺术作品的产生。而研究社会的方法，不是通过实体而是通过关系来识别现实。艺术参与的活动，具有社会整合功能，以最简单的方式、用最普世的价值，与更广泛的受众群体沟通与交流。具体对策如下。

第一，加强学生人文素养的培养，夯实艺术教育的学理和创新人才的素质基础：高校艺术教育要确立人文素质教育在艺术教育中

---

24 彭吉象：《艺术学概论》，北京大学出版社，2012年，第50-51页。

的基础性地位；高校艺术教育要充分利用第二课堂；高校艺术教育要营造一个有利于文化创新的校园人文环境。

第二，突出艺术技能训练的基础地位，积极向创新型艺术教育转变：高校艺术教育要重视教学内容的"综合性"；高校艺术教育要对教师教学理念和教学水平提出新要求；高校艺术教育要强调教学环节的实践性。

第三，坚持与文化产业市场的高度结合，突现高校艺术教育联手行业与市场的育人模式：高校艺术教育要重视对学生鲜活的社会现实生活的教育；高校艺术教育要与艺术创作的本质紧密相连，强化产、学、研的结合；高校艺术教育要建立对接市场的实践基地，积极融入鲜活的文化创意产业的市场。

以高等教育为例，国家教育战略及人文社科研究的配套支持政策从未来发展趋势上可以看出。[25]

第一，国家教育发展多样化趋势。在新形势下高等教育发展多样化是有着内部与外部的重要依据的。从学校内部看，大众化教育带来了学生个性的更加多样化，对学校教育教学提出了更加多样的不同要求。从学校外部看，社会行业更丰富多彩，市场对人才的需求多种多样，这就要求我们的学校类别、教育类别要多样化，有理论型、研究型、职业应用型、技术型等。

第二，终身教育与建立学习型社会。当代世界教育新理念，已提出建立学习社会化或进行社会学习。学习型社会就不只是学校的教育和学习，而是对人要进行终身的教育，教育要社会化才能成为学习型社会。高等学校的功能要社会化，高等学校除完成在校生的教育培训外，要直接服务社会，高校要成为知识的辐射源，社会的思想库，高校要将教学与科研紧密结合，建立科技园区，直接参与

25 王国宾编著：《文化视野与舞蹈高等教育研究》，上海音乐出版社，2008年，第156—159页。

建造世界精品殿堂

科技成果的转化。

第三，高等教育民主化的发展趋势。高等教育民主化的主要含义是，每个人受教育机会的均等，接受教育是人的一项基本权利，是人权的基本内容，是体现社会公平的重要内容。

第四，高等教育人才培养个性化，知识综合化的发展趋势。社会发展出现了越来越多的综合性问题，如环境问题、生态问题、大气变暖问题等等，各专业学科出现分化、综合与交叉，职业对人才的需要知识含量增大，综合素质增强。

第五，高等教育信息化发展趋势。信息网络技术对教育的影响被称为革命性的影响，而且被世界列为当代第一位的影响。

第六，高等教育国际化的发展趋势。高等院校面对人类在新世纪的快速变化，不但要培养高素质的人才，而且要培养有国际竞争力的人才，即所培养的人才要能够参与国际交流和竞争。

三、竞争机制与多元化艺术市场的形成

因此，使一个社区有效地发挥凝聚力效应，应从艺术服务层面考虑一个艺术文化社区的构建。可充分发挥艺术学院的周边辐射作用，建立该品牌的艺术文化社区，不仅可以降低高雅艺术至娱乐层面的辐射难度，还可以拓展出更多普通层级的潜在观众，而且使进入此社区的人们也会因为受到国家艺术殿堂的重视而感到自豪。[26]

北京市在"十一五"规划中，确立了文化创意产业重点发展的六大行业，其中有：文化演出业、出版业、影视业、动漫网游业、会展业和古玩业。对于这六大重点行业的发展，北京不仅要着眼于相关基础设施的建设，更要关注产业投资基金的设立、大型企业集团的组建和国内外市场的开拓。特别是在重点行业产品的价格

---

26 林琳：《论非营利性表演艺术机构的观众拓展策略：以北京舞蹈学院艺术机构为例》，北京舞蹈学院硕士论文，2011年。

问题，必须引起关注，不能只搞名为"阳春白雪"类的质次价高的产品，忽视创意"下里巴人"类的物美价廉的产品。产品价格是影响产品核心竞争力的关键因素之一。而如今北京市在文艺演出的票价、书刊定价等，普遍存在价格过高的问题，这就影响了受众群体的扩展，同时制约了重点行业的有效发展。因此，北京必须通过市场竞争机制、投资基金补贴或资助机制、税收减免优惠机制、生产规模和营销网络扩展机制等，降低市场价格，培育文化创意产业的核心竞争力和增长极[27]。

北京发展文化创意产业，产生文化精品，必须具有开放性，组织、吸引国内外的文化创意产业人才，形成所谓的"虹吸"效应，并铸就北京文化创意产业的集聚力和辐射力。举办文化艺术节是达到此目的的有效途径之一，广纳八方来客，集中展示不同形式与内容的、丰富多彩的文化创意精品。

可以看出，民众的创造力提升，能够促进一座城市的文化包容力与群众创造力的迸发。在艺术参与的活动中，期望营造的社会关系和人际关系是能够将社会中的不同因素或个体，结合为一个统一、协调的整体，受众能够从中找到尊重和被尊重的需要，并且这种连结是通过最真实的身体表达予以承载，因而自然体现了艺术在社会整合方面的社会功能，协调受众体系中的和谐关系和制衡关系，以期达到理想化的均衡。[28]

创意城市的包容性指承认并尊重他人的信仰或行为的能力及城市对新创意的容纳程度、接受程度和保护程度。因此，城市要发展创意产业就必须营造适宜创意人才工作和生活的城市环境，提升城市的高科技手段，催生并聚集更多的创意企业，并为创意阶层创造

27 刘牧雨主编：《北京市文化创意产业发展理论与实践探索》，中国经济出版社，2007年。
28 姜郑嘉梓：《公益类舞蹈艺术受众拓展及实际操作方案初探》，北京舞蹈学院硕士论文，2010年。

高度宽容和多样性的城市环境。

四、观众与艺术市场的长线培育

创意产业是以人为核心的产业，其核心要素是创意人群，只有通过他们的创造性劳动，创意经济才得以形成和发展。与工业经济时代的劳工阶层、商业经济时代的服务阶层不同，在知识经济时代趋势下的创意产业中逐渐形成了一个新的职业阶层——创意阶层。创意阶层所共有的精神气质使他们同周围的人相区别，这种气质也影响并决定了他们对居住地、工作方式等的选择。世界著名的巴黎、伦敦、纽约、佛罗伦萨等城市因其突出的包容性、多样性和创意氛围，成为创意者们聚集的城市。就城市而言，能否为创意人员提供适合的富于创造活力的自然与人文环境，是决定一个城市的创意产业活力大小的重要标志。同时，创意人员的聚集及创意阶级的形成是城市创意产业发展的原动力。

需要指出的问题现状，在文化大发展大繁荣的背景下，我国艺术生产与消费都在急速倍增，但同时，普通观众缺乏广泛参与艺术活动的一些必备条件。包括创意理念单薄、创意渠道不畅、文化消费偏好较低、信息服务技术操作技能较差、闲暇时间较少、收入水平不高等。如何协调艺术创作与观众审美接受、艺术生产与民众文化消费需求之间的结构性矛盾，也成为文化产业理论与艺术管理学界所必须面对的一个重大实际问题。在艺术发展方面，这一问题尤为严重。一方面，借助国家或区域政府投资的大制作舞台表演艺术层出不穷、百姓自发的广场艺术也在迅猛发展，另一方面舞台表演艺术的观众群单一狭小和群众艺术活动的管理体制陈旧、创新能力不足等问题也日益凸显。在一定程度上出现了艺术生产过剩、高雅艺术传播效率低下、艺术与社会良性互动不足等结构性问题，艺术自身也呈现出艺术生态单一、艺术创造力不足等发展瓶颈问题。诸多实践问题，亟需理论关照。

不仅如此，对于人均文化、艺术设施来说，北京市依然存在重大问题。北京市人口总量在快速提升，其人口构成也在发生变化。参考世界城市的一些同类别文化设施供应标准，我们可以简单估算出未来人口规模下的一些文化设施总量。如果采取与世界城市相近的供应标准，则对北京来说，是巨大的文化设施建设量。并且，不同区域文化创意产业定位的特色性不强，导致不同区域文化创意产业消费状况也存在突出差异。

而为解决以上问题，北京市应创造条件，鼓励普通民众广泛参与艺术活动。首先，宣传文化创意、艺术创意的理念以及产业发展的意义，强化法定劳动的时间约束力，大幅度提高最低工资标准，有效实施带薪休假制度，丰富义务教育阶段的文化艺术课程，加大对文化艺术类院校的投入，多举办有关文化精品的展览会、竞赛会等。

并且要考虑对观众的长线培育。逐步放开市场准入，鼓励建设小型艺术培育机构，增强民众的艺术意识，与创意思考。尽量清空城市人群中的艺术空白，培育和完善文化艺术市场。围绕北京优势，在出版、影视版权交易、艺术品交易、文化贸易保税区、音乐产业园区、街区文化等领域重点扶持，做实、做优。

建造世界精品殿堂

第四章
关于北京要成为文化精品创作中心的对策建议

第一节 "春风工程"：建立基于"3O模式"的国家级艺术创意支持系统

　　北京市着力发展的文化创意产业的特定内涵，既包含了传统的文化产业内容，也包含了现代社会中依托于信息技术而迅速发展起来的一些新兴文化产业类型，与信息技术息息相关。创意产业中既含有设计、研发、制造等物质生产部门的内容，也有传统三产中一般服务性的非物质生产部门的内容，更有与信息技术相关的新兴内容产业，是城市经济和产业融合发展的新载体，是传统文化产业的前沿和高端，是以创意为核心，向大众提供文化、艺术、精神、心理、娱乐产品的新兴产业。借助于自觉发展文化创意产业的发展战略，北京市明确提出了发展的远景目标、具体的产业布局，梳理了北京的文化积累和优势产业门类，以一种新的意识观念创造性地改造传统地区，使一些传统文化区因为新型文化创意产业内容的加入而焕发新的光彩。[1] 因此，将艺术教育资源共享研究与开展国家公共文化服务体系制度设计研究相结合，着力建立一种基于"3O会聚模式"的艺术公共教育资源共享的长效机制，是鼓励创新与创作的基础。

建造世界精品殿堂

---

[1] 金元浦主编：《北京：走向世界城市——北京建设世界城市发展战略研究》，北京科学技术出版社，2010年，第253－254页。

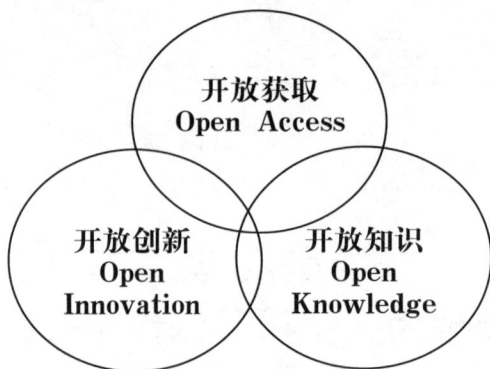

图1 3O会聚模式

一、以开放获取为抓手，建构支持全民创意的3O模式

习近平强调，社会主义文艺，从本质上讲，就是人民的文艺。文艺要反映好人民心声，就要坚持为人民服务、为社会主义服务这个根本方向。这是党对文艺战线提出的一项基本要求，也是决定我国文艺事业前途命运的关键。要把满足人民精神文化需求作为文艺和文艺工作的出发点和落脚点，把人民作为文艺表现的主体，把人民作为文艺审美的鉴赏家和评判者，把为人民服务作为文艺工作者的天职。而具体到政策设计层面上，3O模式势必会成为一个可供操作的抓手。

所谓"3O模式"，就是要通过政府的杠杆作用，倡导给民众一个免费开放的共享资源空间。在决策层面上，它要求遵从开放创新的原则。

通过开放获取、开放知识、开放创新模式的建立，达成开放的艺术知识获取平台的共识与构建，最终建设出艺术创意产业未来可持续发展的产业化机构模式和公共服务模式，以推动北京地区艺术创意的多元混融效应。在3O会聚模式中，我们可以看到，开放获取层面侧重于政府所能够提供的公共文化设施，属于硬件配置；开放知识侧重于专业技能的投入，属于软件投入部分；其二者共同构建下，达成开放创新的人性化环境，起到人人可创造、人人可创新的层面。例如，如手机APP应用就是基于这种模型的新技术平台。所谓APP，是英文Accelerated Parallel Processing的缩写，中文译作AMD加速并行处理技术。这是一个新式手机互联网中高端应用平台，是架起在商家与用户间的有效桥梁。用户根据此应用程序，仅仅通过科技手段终端，就可以享受到娱乐等综合服务。

从本质上讲，3O会聚首先聚焦于"开放服务创新"，把用户或者参与者看成服务或服务创新的合作伙伴，把支持用户端知识服务创新作为自己分内的和重要的任务。开放获取和开放知识的迅速发展，以及拥有海量数据的网络服务商和出版社的快速介入，已经让用户拥有多得超乎想象且迅速增长的知识服务创新资源。许多市场竞争者已经开始迈过我们头顶去支持用户驱动的知识服务创新。而当开放知识和网络化用户需求，政府与高校、社区结合时，效果则会达到空前最优化。

这样的开放服务创新正在改变图书馆或其他知识密集型服务机构发展知识服务的游戏规则：最大限度地激励和支持用户来创新服务；提供开放知识、开放工具和开放协同创新工具等，使之成为用户创新服务的强大工具；从技术、政策和能力上积极支持用户利用开放知识、开放工具和开放协同机制来创新服务；通过参与式合作式机制，发挥机构专业技能，支持用户创新服务；积极将本机构产品或系统转化为能集成或关联各类创新支撑工具的服务创新支持平台，让用户创新更容易、更快速和更经济高效。[2]

北京，作为中国的首都和有着三千多年建城史、八百多年建都史的历史文化古城，有着独特的历史文化优势，北京历史文化之悠久可以上溯到大约五十万年之前的远古时代，这一点世界上几乎任

2 张晓林：《开放获取、开放知识、开放创新推动开放知识服务模式》，数字图书馆，2013年第2期。

何一个城市不能与北京相比。在21世纪上半叶的发展目标是：建设世界城市。北京市目前的定位是：国家首都、国际城市、文化名城、宜居城市。不论是北京的精神文化、制度文化还是物质文化均为较为高级与丰富层面的城市文化结构系统。北京的资源丰富，除去历史积累，还有如今的现实条件，包括人才与教育资源云集北京。

自改革开放开始，北京经济出现了一个重大变化，而随着时代的不断发展，产品的文化价值和审美价值超过了它的使用价值和交换价值，占据了主导地位。审美的因素在文化商品中的地位越来越重要了。可是，现在我们国家的很多产品在国际市场上仍旧为"贩卖""加工"模式，就是因为审美价值太低，这是文化附加值不够的表现，而北京，理所应当改变与引导此种情况。

在此基础上，我们更加需要将北京资源通过艺术精品的形式转化并激发出创意、文化优势。

通过政府作为行政力量的导向标，开放国家级文化艺术资源（属地为北京），包括全面开放（免费）专业性的国家博物馆、美术馆等及北京市级别的文化资源场馆，这是最重要的一步。目前所存在的问题是，即使或多或少的国家文化场馆面向群众，其免费开放程度并不是绝对性质的，在艺术导入环节也并不充沛，在观众深入体验的艺术环节有很多忽视的地方。

在北京市二级艺术教育机构资源上，除去上海音乐学院等省外知名艺术院校，北京艺术院校资源居中国首位，各大特色艺术高校资源并非公共开放课程，也并没有固定的开放空间。如此之举，并非是将"人民洪流"冲乱文化艺术资源，而是让更多的人有序分享属于公共的文化资源。

在组织架构方面，应当拓展艺术教育机构，充分发挥其广义上的艺术教育职能。通过组织中的项目制度，开展艺术公益活动线上线下机制，这样的机制并非传统意义上政府对"送戏下乡"公益演出的买单，而是对城市公共艺术文化的一种拓展，更加积极主动与准确对位公民，发挥职能单位公共文化艺术的拓展功能，提升公民艺术品位与素质。

"资源共享"，也就是最终所探索的文化艺术精品公共教育国家标准化模式。随着艺术的职业化，原先的形式逐渐被共享所打破，也就是说，愈加远离"距离"模式，愈加能够构建共享化艺术生态圈。具体而言，国家级文化艺术资源的开发系统应做到以下四个方面：

1. 利用政府采购等形式，推动艺术机构教育资源免费开放的最大化

"高雅艺术进校园——北京高校学生走进国家大剧院"活动是财政部、文化部、教育部联合国家大剧院开展的一项艺术普及活动，旨在进一步丰富校园文化生活，提高大学生的艺术修养。这项活动自2012年9月启动，在北京大学、清华大学等十所高校试点中展开，并将持续到2013年上半年。在三部委和大剧院的共同努力下，各高校的大学生们陆续走进国家大剧院，参加周末音乐会、经典艺术讲堂、春华秋实——艺术院校舞台艺术精品展演等活动，并观看各种艺术演出。

截至2012年底，已有两万多名大学生通过此次活动走进他们心中的艺术殿堂，参加了一系列丰富多彩的活动。国家大剧院艺术普及教育部部长王大羽认为，"艺术普及对提高整个民族的素质都有帮助，我们要有胸怀，不能急功近利，这原本就不是一件可以一蹴而就的事。"

也许各高校大学生们纷至沓来的活动回馈，已是对艺术机构教育资源公开程度最好的肯定，并预兆着未来北京更加美好的文化精品创作环境的支持。艺术的种子将在青少年心中生根发芽，枝繁叶茂。

2. 增加开放导入程度，加强馆校、团校合作，实现政府、院团、院校等资源的"绑定"服务

艺术家驻场，如北京中间美术馆，运用艺术家驻场制度吸引来自海内外的艺术家到场馆创建工作室，定期举办工作室参观与交流，以及艺术家作品成果展示，均采取国家级、国际化标准。驻留项目是中间美术馆为推进中外艺术交流、提携青年艺术家成长而举办的公益项目。项目旨在为青年艺术家提供与世界知名艺术家合作的机会，并为艺术家提供一个志同道合的社区，让不同领域的艺术家在碰撞交流中相互促进。

对于艺术教育家而言，政府要培养，要有政策导向，匹配资金支持，进行平台扶持。政府的公共文化服务的投入一定要有预算，不仅包括基础教育（九年义务制教育），也必须面对高校。

3. 创新评价机制、奖励制度

公共文化服务评优项目落地北京朝阳基地，有利于推广地区文化价值与方式，同时，在奖励程度上也应当有相应制度，如中国台湾林怀民舞团云门舞集在得到政府数百万奖金奖励后，会对其艺术团体的进一步运作有更大推动力。

4. 加大公共设施投入，推动艺术资源在空间上的可接近性

北京市市政建设、交通便捷程度、场馆舞台技术支持、媒体技术支持、智慧城市（新媒体技术等形式）程度等，都是在公民接触艺术可行性上的条件。在开放资源的普及性上的便捷度，如韩国就已做到了在商场内即刻可看到最新的演出信息等，政府共享艺术资源，使民众均可获得电子艺术资源，包括政府的电子博物馆建设，如在"雅各布之枕舞蹈节"上的在线舞蹈博物馆，就可以方便观演观众浏览舞蹈作品，这个互动视频网站只选择片段完整作品播放，主要是为了使观众获得对作品的大概印象，如同电影的预告宣传片，目的是吸引观众走进剧场。

二、立足本土需求，建构国家级艺术创新的知识开发系统

需要看到的是，目前对知识服务和"支持用户创新"的认识和实践还主要停留在自己开发产品、系统或直接服务，因此远跟不上用户需求的发展；还不能够支持利用开放信息、开放知识的开放创新机制，因此远没能利用广大知识型创新型用户中的创新潜力；还缺乏对开放信息、开放再利用、开放协同创新过程的管理政策、规范和机制，因此对如何在开放知识基础上组织用户的服务创新感到困惑重重；还没有建立用户主导的参与式合作式服务创新支持机制，因此甚至已有的专业技能和集成知识实验平台没得到有效利用。

建立科学系统的艺术知识产权保护法律系统已是势在必行。版权的二度开发也要遵循相应规范。版权保护建设，需要对过度保护与适度开发进行明确规定，采取协商机制与保护措施，真正做到版权与资源的合理开发。提倡个体创意与国家文化资源二度合理开发，注重艺术作品版权的保护与使用，避免不必要的版权纠纷。

三、鼓励个体创意，建设国家级文化精品创作的开放创意系统

3O会聚为用户进行开放知识创新（即开放地融汇知识、协同创造和激发突破性创新）提供了析与应用工具、支持开放调用的知识组织引擎、开放应用工具的开发支持平台、信息系统开放互操作封装、开放协同创新组织平台、开放协同创新管理流程等，建立可靠但灵活的规则、标准、基本方法和基础工具，从而支持建立或转换开放数据，支持任意工具（包括用户的工具）有效利用开放数据来进行知识分析与应用，或者开发新的知识服务。而且，技术上还需要支持开放知识服务的运营模式，例如可柔性配置的支持用户开放知识服务创新的实验室或智慧中心，支持开放协同知识服务团队的

个性化任务管理、贡献跟踪与溯源、权益管理流程等。[3]

国家级文化艺术资源的开发系统、国家级艺术创新的知识开发系统是将文化精品建设工程在进入的程度上打开，是属于外围保障系统，而如何挖掘民众的开放创意文化艺术精品系统，这是核心部分，需要做到以下三点。

1. 革新观念，建立机制保障

建立不同层级的协同创新机制，提倡校企合作、校校合作、校研合作、校地（北京市政府）合作、国际合作，大力培养艺术家与艺术经营者，全面互通下激活艺术创造力与生命力。

2. 创新应用，确立技术保障

提供协同创作的线上服务平台，使之成为一个参与性的创作平台，又是一个普及性的艺术教育平台。在这样的平台上，"人人都是艺术家"已不再是简单的艺术民主化口号，而成为某种可以身体力行的艺术实践活动。线上品牌实验区是一种构建的途径，其成果会体现在：其一，资源集聚。利用网络共享与互动资源，进行艺术编创与报道、交流。吸引观看视频与艺术活动的网友，并且上传自己的视频；其二，空间扩散。通过新媒体等网络工具的艺术传播，有利于将群众艺术意识唤醒，并且是一个公共展示空间，也使较为典型的艺术团体、艺术机构得以宣传，产生传播效应。

3. 概念创新，创设创意孵化节事活动新平台

除去政府公共性质的平台提供，还要有专门的概念性节事活动平台，以促进研究性创作实践，提升创意质量。如北京舞蹈学院"跨界"艺术创作展演平台"舞动无界""人人舞"公共舞蹈艺术观众拓展活动，从不同层面上带入了对于创作和接受关系的思考。大型节事活动和比赛依然是主导型平台。如国家大剧院主办的"北京国际芭

---

3 张晓林：《开放获取、开放知识、开放创新推动开放知识服务模式》，数字图书馆，2013年第2期。

蕾舞暨编舞比赛"，为每两年举办一届的常设赛事，是由文化部官方认定、北京市人民政府支持的国际比赛，旨在挖掘优秀的芭蕾舞演员及舞蹈编导、促进国际舞蹈艺术交流。这不仅是世界芭蕾舞界的重大赛事，也是中国广大舞蹈爱好者的盛大节日。

第二节 "土壤工程"：大艺术教育观、建构创意人才全民育成机制

21世纪是城市的世纪，是城市大竞争的世纪，是国际化大都市特别是世界城市之间大竞争的世纪，是世界城市作为全球经济社会中心并日益成为文化中心的大竞争的世纪。[4] 顺应大艺术教育观及国际艺术教育新趋势，建构北京市创意人才培养的全民育成机制。

一、培育世界公民的大艺术教育观

作为以人类最本真、最纯粹直接的身体为语言载体的艺术形式，艺术反而较为容易吸纳普通观众，并且在成为艺术共享目的达成之后，促成参与者个体的自信与创造力的提升，从而形成一个开放、创新的群体部落，有效促进城市包容力和整体环境的提升。本研究项目，就是通过对相关问题进行理论及实践案例分析、操作，提倡一种新的艺术受众参与的理念和方式。

对于构建世界城市视角下艺术受众拓展实践操作方案的思考，可以衍生至艺术高等教育与社区民众生存空间的领域，引发一新的大艺术观与文化观，从而通过开拓出的艺术拓展方式，补充既有的艺术观众拓展及文化传播理念。

建设中国的世界城市，是关乎中华民族伟大复兴的重大战略，

---

4 金元浦主编：《北京：走向世界城市——北京建设世界城市发展战略研究》，北京科学技术出版社，2010年，第1页。

建造世界精品殿堂

→163←

是中国参与全球竞争的必要方式。北京建设世界城市，就是要承担中国走向世界的国家队和先遣队的重大责任。作为国家队，北京承担着中国走向世界的重大责任和重要使命，成为21世纪世界最重要的金融之都、高新科技信息产业之都、文化创意之都、生态环保之都，为国家赢得全球竞争中经济发展、社会进步、文化繁荣的"金牌"。作为先遣队，北京就是要在中国率先实现现代化，就是要瞄准中国在世界文明发展中的再度崛起，中国国际地位的重大提升，中国国际环境的迅速变化，中国国际责任的逐步强化的现实，从更深远的历史范畴，来审视这一历史性的抉择。[5]

在世界经济信息全球化的今天，任何国家或地区的艺术教育都与世界艺术教育发展密切联系，作为艺术教育的最基本职能——培养人才，传承创新文化，是全人类共同的理想和追求，是全人类共同的智慧与结晶，这是当今艺术教育的国际性与时代性。城市文化在整体文化环境构成中，占有重要的分量，而除了大众文化的主流艺术表演之外，另类、非主流、具体验性的艺术展演，亦是形塑城市特色不可或缺的一环。

艺术是用于启蒙、唤醒大众的工具。如何将传统的废弃边界的公共空间"变活"，需要打破常规，需要创新，需要自由与巧妙地进驻。我们所要建立的文化、经济、社会各种因素的综合体，需要建立在有机的可持续环境之中。艺术要在一个社会健康发展，需要多个因素的配合，才能形成有利的环境。包括：对表达自由的保障；对创意的支持、知识产权的保护；艺术家的专业训练、交流机会；作品发表、演出机会；评论、研究的兴旺；众多传播、发行渠道；传媒支持和推广；艺术教育的普及；众多观众和市场支持、业余参与；多渠道的公共机构资助；多渠道的社会资助、赞助；艺术

5 金元浦主编：《北京：走向世界城市——北京建设世界城市发展战略研究》，北京科学技术出版社，2010年，第1页。

管理专业支援，使有限资源发挥最大效用；艺术政策支持（促进可持续发展艺术生态环境）等。[6]

联合国教科文组织在教育领域的计划旨在实现所有级别持续一生的全民教育目标。为适应国家教育改革与发展的实际需要，教科文全委会在教科文组织支持下与教育部合作举办了一系列颇具规模和影响的国际研讨会，这些研讨活动为中国教育界宣传取得的成绩和学习其他国家有益的经验提供了良好的机会。实施全民教育计划。自1990年世界全民教育大会以来，教科文组织将教育领域的工作重点放在了发展基础教育、扫盲和职业技术教育方面。为配合教育部提出的在20世纪末实现"两基"的目标，教科文组织合作开展了一些既对国内教育发展有促进作用又能产生较好国际影响的活动。2003年12月，中国成立了由十个部委和社会团体组成的中国全民教育论坛，提出了新的"中国全民教育行动计划"。在该论坛项下，中国将与教科文组织合作，每年组织一个主题的论坛活动和专题研讨会。[7]

联合国教科文组织在文化领域的活动涉及文化政策、文化多样性、艺术、版权、物质和非物质遗产、文化间对话、历史、文化与青年、文化与妇女及性别平等诸多方面。我国近些年来参与该组织文化领域的活动主要集中在以下方面：世界遗产的申报和保护，保护非物质文化遗产，关于文化政策的讨论以及参与一些文物保护方面的国际公约的制定或修订。[8]

2006年3月6日至9日，联合国教科文组织和葡萄牙的政府、非政府组织等在葡萄牙里斯本联合举办了世界艺术教育会议。此次会

建造世界精品殿堂

议邀请了联合国教科文组织会员国教育部和文化部的代表、专家、工作人员和研究人员等出席会议，与会代表700多人。我国教育部和文化部派代表出席了会议。教科文组织主办的第二届世界艺术教育大会于5月25日至28日在首尔举行。本届大会将以第一届世界艺术教育大会（里斯本，2006年）的工作及其主要成果——一份政策指导性文件——《艺术教育路线图》为基础。大会的第二单元（5月26日）就艺术教育的社会文化层面问题进行讨论，议题包括：数字媒体和大众文化、冲突后的和平建设以及环境问题等。加强伙伴关系和联络将会受到特别关注。大会的第三单元（5月27日）着眼于艺术教育的研究能力建设。如何对教科文组织观察站及教席计划的成果及其未来进行评估也将进入议事日程。此次对于艺术教育最大成果为《首尔议程：发展艺术教育的目标》。在下文的"首尔议程"中将会作出专题解读。[9]

《首尔议程：发展艺术教育的目标》是 2010 年 5 月 25-28 日在大韩民国首尔举行的教科文组织第二届世界艺术教育大会的一项重要成果。与大韩民国政府的文化、体育和旅游部密切合作，由教科文组织倡议召开的这次大会汇聚了来自 95 个国家的 650 多名艺术教育官员和专家。会议议程包括一次部长级圆桌会议、主旨发言、小组讨论、分组研讨会、地区小组讨论、一次与非政府组织和基金会的对话以及一次关于艺术教育和文化和睦问题的特别会议。首尔大会召开一年前，在 2009 年 7 月于教科文组织总部召开的国际顾问委员会（IAC）会议上就启动了《首尔议程》的工作，这项工作一直持续到首尔大会的闭幕会上向与会者宣读这份议程。在筹备首尔大会期间，国际顾问委员会根据 2009 年会议之后通过电子邮件方式进行讨论和交流的情况，继续修订议程的目标。

---

9 http://www.unesco.org/new/zh/media-services/single-view/news/unesco_organizes_second_world_conference_on_arts_education_25_to_28_may_in_seoul/。

二、打破专业和非专业的艺术壁垒

根据马斯洛需求理论我们可以得知，群众问题中最为关键的是生存、生活的物质层面，尽管如今物质层面的需求基本满足而必然也会升级到精神需求层面，然而，群众也不一定就选择艺术作为其精神需求的享受，那么问题就出现了：艺术离群众越来越远了，而这样的情况，究竟是客观存在还是主观人为呢？

艺术与群众之间一定是相互依托、相辅相成的辩证关系。

或许当今市场内，多困惑于观众拓展对于艺术票房的实际拉升作用。在实践层面上，有两个重要的基础，一个是国家文化管理体制下的群众文化基础，一个是市场条件下艺术社会教育考级或培训业务的兴起。较少从整体上对专业艺术团体的社会服务和辐射功能、艺术机构或艺术教育的使命与宗旨设计，公共艺术服务机制创新进行统合性观注。专业艺术与非专业艺术、文化产业与文化事业的传统二分论思路亟待突破。

从艺术进驻社区的角度讲，则可通过一个艺术观众拓展活动来阐释。在北京舞蹈学院，艺术传播系策划、组织过首届"舞蹈生活体验营"，这次舞蹈观众拓展活动有一个明确的主题是舞蹈体验，有明晰的版块进行划定，最有意义的是，在一块人造绿林花园"师生苑"场地举行，由舞蹈家与附近社区民众共同体验舞蹈。那么，这里面就体现着自然美学的原理：(1)舞蹈，是人们"达情"的最高层次。将这种艺术资源形式展现出来，能够反映出人们从舞蹈中所获得的形式与快感；(2)人物的数量代表不同个体所汇集成的人群，而舞动的人群也正突出了"舞蹈生活体验营"的主旨：打破界限，通过群众现场交互式拓展，让大众进行舞蹈身心的感触与体验。突出了此活动是以人为主体的背景与初衷，继承舞蹈学院传统精神的同时，也大力发扬了新世纪下人们内心舞蹈的"激情心理"，才是

舞蹈艺术真正为人民服务的方式。(3)这是因为师生苑象征着校园文化建设，而其主题是"天地人和"。这种与自然相融合的色彩，也能够从某种意义上反映出人与自然"道"上的一种和谐共生。通过舞动自身，与本已存在的自然界形成融合之态。构成"我为心舞，天地和谐"的画面。

三、以专业方式培育艺术家和艺术受众群体

职业艺术家应高度重视这种艺术文化，需要以专业介入百姓艺术的方式，主动参与社区艺术活动，以社区成员的身份，与群众结合，推动社区艺术良性发展。这也是学术象牙塔里的学者与专业从事艺术人士应当思考的问题。通过艺术家的观众拓展来提升社区艺术的创造力，令艺术接受者从单向接受向参与式过渡，推动职业"艺术社区"与在地"社区艺术"的优势互补。

在地传播活动，在形态上类似于一场现场艺术展示活动，但是活动主体包括：项目研究者和活动组织策划者（传播链条上的"信源"和"传者"）、接受了本项目研究理念的职业艺术（传播链条上的"媒介"）和接受项目活动研究邀请的艺术爱好者和一般公众（传播链条上的"受众"）等与一般演出不同的行为主体。

四、建立文创及公共文化投入绩效评估标准

逐步建立激励与约束相统一的第三方绩效评估机制，突破旧的体制内循环的"路径依赖"。根据十六届六中全会关于"建设服务型政府"，"推进政事分开，支持社会组织参与社会管理和公共服务"的精神，政府主管部门应加强公共文化服务绩效评估工作的宏观管理和行政监督，不直接介入公共文化服务机构的具体评估事务，而是根据国际经验，发展中介性社会评估，让公共文化服务评估机构相对独立于政府，使之成为真正的第三方评估机构，提升政

府引导资金的复合效益，以培育和体现中介性社会评估机构的公正性、专业性和权威性。

五、推动中小型艺术创意机构网络集成趋势

在推进社会主义文化市场的建设和完善过程中，要重新评估国有文化企业存在的合法性与经营的合理性。企业家创新精神是超越"制度红利"、推动产业发展的真正动力，而企业家精神只有在建立了现代企业制度、完善了产权治理结构的企业组织，尤其是民营企业中，才能自由生长。

文化产业与传统企业比较起来，也有其特殊性。一般从事物质生产的传统企业需要大车间、大厂房，而文化企业的生产形态是精神生产，具有非物质生产形态，它的流程是基于人的劳动力和创造力及高新科技手段，基本上无形性、游牧化，具有作坊型、灵活性和弹性化的作业方式。

其实，在工作空间上，我们不能严格固守还原其为标准化、流程化、区隔化的思维模式布置办公空间。传统企业追求"大的就是强的"，追求大规模的生产方式、集团型的组织形态、科层制的管理结构和权威性的管理风格，而文化企业具有小微型、弹性化、分散化和网络化的组织特征，强调资源共享和创意共生。

六、文化艺术项目长效制度建设

公共文化服务体系这个概念，是2005年10月在党的十六届五中全会通过的《中共中央关于制定国民经济和社会发展第十一个五年规划的建议》中正式提出的。该建议要求："加大政府对文化事业的投入，逐步形成覆盖全社会的比较完备的公共文化服务体系。"

建立激励与约束相统一的绩效评估机制。公共文化服务现行运行机制中缺乏严格的绩效评估，现有的考核体系缺乏激励作用和约

束力，这是造成公益性文化事业单位绩效低下的一个重要原因。为了使政府对公益性文化事业的财政投入发挥更好的效益，北京目前还未全面着手对公共文化服务机构实行绩效管理，建立规范的绩效评估机制。

在未来文化产业的发展中，政府首先应该做好文化服务的提供者，大力发展公共文化事业。文化事业发展是文化产业繁荣的前提，没有良好的文化事业做基础，文化产业的发展就只会是空中楼阁。比如北京想要戏剧产业发展，前提是要有足够多的老百姓喜欢看戏，市场够大。而想要培育老百姓对戏剧、戏曲的兴趣，北京市政府则应当大力发展与戏剧、戏曲相关的公共文化事业，多建一些公益性的小剧场，多举办群众性的戏曲活动。甚至从长远来看，设立专项基金，支持现有艺术教育机构和公共文化服务机构的社会公共艺术教育职能拓展；推出一系列全民艺术素质提升项目：设计一批可以在全市推广的全民阅读、全民舞蹈等政府主导型全民艺术项目，设计一批可以在全市乃至全国推广的推动青少年艺术参与项目，设计一批可以在全市乃至全国推广的老年人、残疾人等弱势群体文化共享项目。

七、创新实验精品培育种子项目

设立专项基金，支持多元文化背景的社会群体进行各类文化精品的创作，设计一批鼓励创新实验的精品培育种子项目，鼓励年轻人和文化"黑马"进行艺术创作，推动现有艺术机构的创新实验。

创新实验代表着一种信息简练、主题鲜明、传播迅速、个性色彩较浓、实验性质较强、创意元素构成等特征，而且很受青少年和大部分青年以及很大一部分成年人的欢迎，其很好地诠释了如何在通俗文化、大众文化之中注入实验性质的艺术作品，也是满足人民群众精神文化需求的一部分。

在创新实验精品种子项目背后，我们可以看到，反映的不仅仅是创作理念与方式的改变，而且是公众的娱乐化心态以及伴随而来的文化宽容意识和机制的积极构建。文化事业和文化产业的发展，都需要宽容的人文环境，既能够带来宽容的公共文化体系，也能够激发一大批优秀的青年创意人才。

第三节 "孵化工程"：多层次、高效率的文化精品创作孵化平台

随着文化建设的深入发展，党的十七大报告、十七届六中全会决定、十八大报告等先后指出，"文化越来越成为民族凝聚力和创造力的重要源泉、越来越成为综合国力竞争的重要因素、越来越成为经济社会发展的重要支撑"，"丰富精神文化生活越来越成为我国人民的热切愿望"，"文化在综合国力竞争中的地位和作用更加凸显，增强国家文化软实力、中华文化国际影响力要求更加紧迫"。这些论断表明我们已经进入一个文化的时代，要以多元思维模式来看待文化的综合价值。

文化社会强调文化追求和底层创意。文化社会追求有意义和价值的社会发展目标，追求有情趣和品味的生活目标。大力发展文化精品创作及公共文化服务，引导国民有更高的精神追求成为文化发展的核心任务。文化社会的公民是经济公民、政治公民和文化公民的复合公民体，公民的文化权益不仅包括文化消费权利，还包括文化创意权利，自由表达的权利，要充分调动市民的自下而上的基层创意，要营造自由创意、宽松多元的社会氛围。

文化社会重视社会设计和公共创意。文化社会强调以人为本，注重"参与"和"沟通"，注重社会资源的整合与公共空间的扩展。创意设计与文化精品作为文化资源的显现手段，不仅仅是让文

建造世界精品殿堂

→171←

化商品、公共空间和建筑显得更华丽、美观和养眼，而更是一种确保公民在追求美好生活及面向未来所需的力量所在。

为W型文化精品"公共创意"创作机制，此机制模型的提出，正是建立在本书基础之上，同时为政府制定文书、政策提供有效参考。

一、鼓励高校资源和职业艺术工作者"视点下移"，激活全民创意氛围

要鼓励文化的创造性。公共文化资源、公共文化平台的目的就是让公民在没有限制、没有压力的情况下来充分释放自己的创造力，因此其公益性应当是贯穿始终的。目前，我们还没有形成一个非常的公共文化空间，让普通的民众、知识分子能够灵活和频繁地参与，从而真正发挥其公共性。所以，下一步对公共文化空间更大的期许就是：构建一个真正使社会民众、知识分子和社会贤达能够参与的、开放的、便利的、有理想、有氛围的公共空间。

借鉴国内外先进经验，建立多层次、高效率的文化精品创作孵化平台。对政府而言，要为培养创意人才营造社会氛围，加强艺术、职业技能引导。我国可以从政府层面建立一个基于青少年文化创意辅导中心为模型基础，以培养未来艺术家、职业艺术管理经理人为目标的政府公共服务、管理平台。营造全民创意的氛围，尤其是针对青少年的创意训练，要建立青少年创意活动社会化实践公共服务平台，尝试设立青少年文化创意辅导中心。

北京高校资源丰富，加之其位处文化资源圣地北京，因此其文化、艺术资源可控力更强，需要文化社会的创新性，并将其以文化创意产业的形式稳固下来，方可实现文化资源可运用性的辐射面。各高校应当实行校校联合、校企联合、校馆联合等形式，并在期间打造青年艺术家联盟，同步培育艺术工作者。打造跨界的艺术联合

方式，以项目制度为线索，将艺术工作室的工作形式与合作方式进行合法化、专业化。

打造提供展示与交流的艺术节平台等节事活动，丰富艺术家的舞台艺术创作经验。

二、依托现有院团、场馆、街道等设施平台，建构文化创意体验区，提升全民艺术创造力

在最近十几年间，社会的建设随着经济的发展、公民意识的崛起，公民的公共意识和公共素养有了总体的提升。然而，由于公共空间的公共设施归属都是事业单位，它的机制处于相对保守的状态。因此，应该将所有的公共文化空间都变成非营利的财团法人性质，变成NGO组织或者基金会的性质，不应该保留其事业单位的属性。这样就可以让它们与政府的距离形成"一臂间隔"，而不是直属政府，就可以通过政府采购，通过政府的项目资助，用博物馆自身的经营、效益来发挥作用。

设立文化艺术创作的体验区，对中国来说，要在没有体验公共空间概念的情况下逐渐向西方学习，导入体验区构建概念，导入公民文化艺术创作。只有有了公民参与性体验环节，才会有公民意识的崛起。

各级政府需要全面建设社区和村社图书馆、科技馆、小剧场，推进文化惠民工程，并且不断提升相应的文化管理人员的专业水平；而文化精品的发展，则需要引导和加强文化与科技的融合、积极培育市场主体、完善市场文化体系等。在文化事业的建设方面，初步建立比较完善的服务体系，不过，要避免重视硬件设施、缺乏内容投入方面的现象，以及花费巨资维护场馆。

艺术家驻场，如北京中间美术馆，运用艺术家驻场制度吸引来自海内外的艺术家到场馆创建工作室，定期举办工作室参观与交

建造世界精品殿堂

流，以及艺术家作品成果展示，均采取国家级、国际化标准。驻留项目是中间美术馆为推进中外艺术交流、提携青年艺术家成长而举办的公益项目。项目旨在为青年艺术家提供与世界知名艺术家合作的机会，并为艺术家提供一个志同道合的社区，让不同领域的艺术家在碰撞交流中相互促进。

对于艺术教育家而言，政府要培养，要有政策导向，匹配资金支持，进行平台扶持。政府的公共文化服务的投入一定要有预算，不仅包括基础教育（9年义务制教育），也必须面对高校。

开展大师班讲座及研讨会系列与创意艺术工作坊系列，实现艺术进驻社区、走进民众。

三、推动文化产业发展，依托文创园区和各类文化企业，激活特色资源、促进创意集成

北京市政府应当尝试通过发展多个重点园区，达到东西南北园区建设各有重点、文化创意产业向外扩散的目标，相关规划既要顾及区政府发展本身文化产业的利益，同时又要体现发掘地方文化资源的特色。

采取有力政策，鼓励社会及私人部门提供公共文化服务，兴办非营利公共文化服务机构。展开民间创意教育资源调研，完成中小型艺术创意机构网络集成；改变政府文创基金"投大不投小"的政策惯性，鼓励政府支持资金向小微企业或社会机构倾斜。2006年1月，中共中央、国务院《关于深化文化体制改革的若干意见》指出，要加大公益性文化事业投入，调整资源配置，逐步构建公共文化服务体系。进一步完善鼓励捐赠和赞助等各项政策，拓宽渠道，引导社会资金以多种方式投入文化公益事业。北京已在这些方面率先进行制度上的积极探索，为我国的公共文化服务体系建设提供新鲜经验。

既然大部分文化企业的特点是"小型化、散落型、网络状"，不一定要把这些小微企业往"规模大、实力强、集中化"的方向发展壮大。在文化经济时代，不要再认为"小的就是弱的"，而要认为"小的就是美的"，不一定要做大做强，但一定要共同繁荣，形成创意生态，让大大小小的文化企业实现全产业链的价值整合。

设计艺术批评的评估、支持和奖励机制。2011年10月18日，党的十七届六中全会通过了《中共中央关于深化文化体制改革推动社会主义文化大发展大繁荣若干重大问题的决定》，提出"完善文化产品评价体系和激励机制"，就是要推出既符合主流价值观和国家文化安全的需要，又考虑市场和消费的需要，能够创立一种新的、既不同于西方内容分级制，也不是传统的静态审查制的内容评价和管理方式。文化创新要内置批评的机制。批评对于文化创新的根本意义在于：创新的本质是突破，没有批评就没有突破。批评不仅为文化创新提供技术性的判断，而且为它提供超越性的理念。在文化生产中，批评是文化理想的表达。

政府应打破"重平台，轻内容"的趋势。这不但需要政府打破个人机构对文化传播平台的垄断，让多个平台相互竞争起来，更需要政府对内容生产者采取更精细、更有效的扶持方式。比如，政府在补贴文化企业时，应该多采取一部分事后补贴或奖励方式，根据文化产品的质量与影响力来决定补贴的力度，让带着投机目的的个别企业很难钻政府的空子。[10]

四、实施全民美教，为高端艺术培育高端观众

观众是艺术表演的接受者，并以其反馈在一定程度上影响着舞台上的演出，与艺术家共同形成一种集体的过程体验，成为艺术表

---

10 陈少峰：《文化产业存在危险的"硬件化"甚至"地产化"倾向》，《中国青年报》，2013年。

演的重要参与者。[11]观众拓展是通过一系列手段，促进个体与艺术之间的关系，为表演艺术稳定并扩大观众群。这其中主要包括两个方面，一方面扩大观众数量；另一方面则要稳定现有观众并通过高品质服务提高其满意度与忠诚度。[12]

1. 实施美育不能依靠仅仅开设一门或几门美育或艺术类课程给在校学生。且实施美育不能局限于学校教育的阶段。美育应渗透在学校教育的各个环节和社会生活的各个方面。对于学校而言，应该注重营造浓厚的文化氛围和艺术氛围。对于整个社会来说，应该注重营造优良的、健康的社会文化环境。特别是大众传媒，应该重视自己的人文内涵，应该传播健康的趣味和格调。

2. 青少年美育应注重：自由、活泼、快乐生长氛围；对其审美趣味、格调、理想的教育；加强艺术经典的教育；组织学生更多地接受人类文化遗产的教育。

11 谢大京：《艺术管理》，法律出版社，2012年，第274页。
12 谢大京：《艺术管理》，法律出版社，2012年，第264页。

附　录
案例分析

当今时代，知识更新周期大大缩短，各种新知识、新情况、新事物层出不穷。正是从这样的战略高度出发，党的十八大提出了建设学习型、服务型、创新型马克思主义执政党的重大任务。把学习型放在第一位，是因为学习是前提，学习好才能服务好，学习好才有可能进行创新。我们正在从事的中国特色社会主义事业是伟大而波澜壮阔的，是前人没有做过的。因此，我们的学习应该是全面的、系统的、富有探索精神的，既要抓住学习重点，也要注意拓展学习领域；既要向书本学习，也要向实践学习；既要向人民群众学习，向专家学者学习，也要向国外有益经验学习。学习有理论知识的学习，也有实践知识的学习。

一、经典案例分析：爱丁堡国际演出艺术节

爱丁堡作为英国苏格兰地区的首府，位于苏格兰东海岸福斯湾南岸，是在1995年被UNESCO列为世界文化遗产。2004年10月，又被UNESCO授予"世界文学城市（City of Literature）"的头衔。截止到2009年统计人口为477660人，面积为264平方公里。爱丁堡是苏格兰最重要的旅游城市，每年吸引约1300万名游客。爱丁堡市区主要包括老城和新城两部分。老城的轴心街道是皇家一英里

建造世界精品殿堂

（Royal Mile），西端起自城堡，东端是荷里路德宫。18世纪，为了缓和日渐拥挤的旧城开始兴建新城，城内还保留着许多18世纪带有新古典主义风格的建筑和城市布局。

　　19世纪的爱丁堡就有举办音乐节的先例，首届音乐节创办于1815年，举办地点包括国会大厦和考利屋音乐厅。目前每个月在爱丁堡市都会有主题性的演出节事活动，故其成为名副其实的"节事之城"。在将近60年的发展中，爱丁堡节从早期1947年的三个演出节事（国际节、艺穗节、电影节）不断发展，50年代新增军乐队节，后又陆续增添爵士乐、科学节、故事节、圣诞节、新年夜节等多个节事活动，逐渐形成了冬季节事、夏季节事和春秋节事三大部分（见下表）。

2012年度爱丁堡市部分的节事活动[1]

演出节事季	节事名称	时间
春季	爱丁堡国际科学节	3月30日—4月15日
	苏格兰银行梦幻节	5月7日—14日
夏季	爱丁堡国际电影节	6月20日—7月1日
	爱丁堡国际艺穗节	8月3日—27日
	爱丁堡国际艺术节	8月9日—9月2日
	爱丁堡爵士乐节	7月20日—7月29日
	爱丁堡国际图书节	8月11日—27日
	爱丁堡军乐队节	8月3日—25日
	爱丁堡MELA节	8月31日—9月2日
	爱丁堡艺术节	8月2日—9月2日
秋季	苏格兰国际故事节	10月19日—28日
	法国电影节	11月8日—30日
	舞蹈节	11月
	苏格兰小提琴艺术节	11月16日—18日

1　注：2012年度爱丁堡市共有65项节事活动，来源http://www.scottishcityguide.com，除了爱丁堡节所涉及的12项节事外，其他部分节事活动在每年亦有增减或调整。

	爱丁堡冬季圣诞节	11月—12月
冬季	爱丁堡的新年夜节	12月30日—1月1日
	雷鬼音乐节	2月3日—5日
	中东灵性与和平节	2月—3月

爱丁堡节作为世界上最为成功的演出节事活动之一，其在文化、经济、政治、社会以及环境等产生了诸多的影响，特别是其对于观众、当地居民、政府和其他社会组织的最为直接。如对于观众而言，在参与爱丁堡演出和旅游的同时，能够提升多元文化艺术的认知体验，亦能强化其在活动参与中的社会交际；爱丁堡本地居民利用爱丁堡可以增加个人收入，更重要的是其对于本土苏格兰文化的认同感和荣誉感；爱丁堡节增加了当地政府的财政税收，而不断提升的演出节事品牌价值使其在全球化中的综合竞争优势明显；爱丁堡节近年来在推动当地社区文化建设和环境保护的措施，使其绿色演出节事的理念成为国际演出节事的标杆等。爱丁堡节传承和发扬传统艺术、提升民众文化凝聚力，坚持多元文化理念，倡导绿色环保观演节事，推动地方经济和政府形象等方面所取得的成绩得益于其演出节事内容、演出机制、消费模式及环保措施等诸多方面的竞争优势。

【案例分析】

（一）演出节事表题材多元化

第二次世界大战之后，欧洲大陆的文化艺术处境异常困难。许多艺术节活动，如萨尔兹堡音乐节（Salzburg Festival，创立于1920年）与拜鲁特音乐节（Bayreuth Festival，1876年创办，1951年复办）等都受到了严重影响。英国格莱德堡歌剧经理鲁道夫·宾（Rudolf Bing），联合当时英国诸多的文化艺术界知名人士策划在英国本土找到一个未受战争破坏的地方兴办艺术节，推动战后演出事业的恢复和发展。终于在1947年选择了素有北方雅典美名

建造世界精品殿堂

的爱丁堡举行了首届爱丁堡国际艺术节（Edinburgh International Festival）。艺术节坚持"为人类精神的繁荣提供一个平台"。当时全欧最负盛名的音乐家如阿图尔·施纳贝尔（Artur Schnabel）、约瑟夫·西格提（Joseph Szigeti）、皮埃尔·傅尼叶（Pierre Fournier）及维也纳爱乐交响乐团，都在首届艺术节齐聚到爱丁堡。但是当时一些小型表演团体却被拒之于外，后其中8家剧院转而组织另一个艺术节，即爱丁堡艺穗节，在近60多年的发展中，爱丁堡艺穗节逐渐和艺术节并驾齐驱。作为世界上规模较大的综合型艺术节，整个爱丁堡节包括爱丁堡国际艺术节、艺穗节、军乐节、国际图书节、电影节及艺术节等。

（二）演出节事题材日益国际化

爱丁堡节在历史的发展中不断地更新其定位，从早期的复兴英伦文艺到重建欧洲演出节事中心，以及当前致力于国际演出艺术节事，逐渐形成了诸多针对细分目标受众且特色鲜明的子节事活动共同分享的局面。比如，爱丁堡国际艺术节侧重于古典乐、歌剧、戏剧和舞蹈等表演艺术和美术展览等视觉艺术；艺穗节和电影节则强调较为先锋和实验性的作品；军乐节则以呈现各国军乐队不同表演风格为重点；图书节则通过明星效应来提升大众眼球（克林顿、肖恩·康纳利、罗琳都曾参与）；Mela节则是针对南亚人社区的活动；爱丁堡艺术节则侧重于现代艺术。例如，爱丁堡国际艺术节每年都会邀请全球较为知名的艺术创作者和表演者，爱丁堡六座最大的剧场及音乐厅、一些较小的场地及一些非正式的场地，也都因最佳的古典乐、戏剧、歌剧、舞蹈及视觉艺术表演而变得朝气蓬勃。除了这热闹的三周外，爱丁堡国际艺术节也提供为期一整年的教育课程及相关工作。

例如，近年来在英国，随着南亚（印度、孟加拉国国、巴基斯坦）诸国移民人数的不断增长，在许多城市都出现了集聚的南亚社区，为推动新移民文化之间的交流，爱丁堡市自1995年起设立了针对南亚籍社区居民的Mela节。在2010年对参加Mela节的观众进行的问卷反馈显示，54%的受访者强烈认同Mela节突出了文化多样性，39%的受访者亦是认同，还有约30%的受访者没有给予直接的肯定或否定。[2]2011年，中国国家芭蕾舞团的《牡丹亭》，上海京剧院的中国版《哈姆雷特》，"钢琴王子"李云迪，以及被誉为世界最好的古典吉他手之一的杨雪菲也出现在了爱丁堡国际艺术节舞台上。

同样的，艺穗节则自1947年的8个演出团队发展到2005年26955位表演者带来的1799场演出始终坚持先锋、实验和创新的艺术特质。[3]通过对从1996年—2005年期间在艺穗节上演的节目统计可见（见下图），在这十年期间平均新节目的比重高达54%。从早期不发送邀请函，欢迎所有演出者参与的创新措施，到现在每年始终保持有将近一半新作品在节事期间上映，艺穗节在国际化的过程中自始至终在坚持前卫艺术风格。

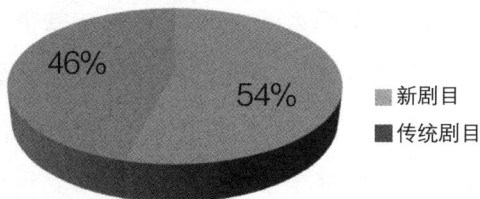

图1 爱丁堡艺穗节1996—2005年年度平均新剧目比例

爱丁堡在城市定位中始终将创新放在了首位，面对欧洲其他国家和城市接踵而来的艺术节竞争，坚持多元和创意十足的艺术理念成为了自我的区隔标志。爱丁堡节在一系列的演出节事中很好地利用了历史影响和协会组织的功能。它在全球树立了"演出节事城"的定位，所提供的演艺产品同时满足了视觉、听觉、触觉及表演等体验。

---

2 BOP consulting.Edinburgh Festivals Impact Study，第49页。
3 Edinburgh Fringe Society.Venue Manager Meeting Notes，2005，www.edfringe.com。

（三）组织机构扁平化管理

爱丁堡市的所有演出节事活动并不受支配于政府行政部门的直接管理，也没有统一的艺术委员会统筹管理，长期以来一直实行组委会或自我组织的独立模式。直到2007年，爱丁堡主要的12项子节事在基于共同发展和保持全球竞争力的战略共识下组成了由各自主管为核心董事的爱丁堡节委员会，并一致认为该委员会的使命是：践行和代表爱丁堡节的集体利益和竞争优势；致力于发展和维护项目合作，以期实现在推动经济发展、演出节事内容创新、保持领导力地位及观众拓展；致力于继续打造和维持爱丁堡节在国际演出节事活动方面的导向地位。

爱丁堡节委员会包括12名成员的董事会和8位执行人员的常任执行小组，各个子节事活动的具体演出内容、人员安排、日程安排等细节是由子节事执行小组独立完成的。委员会和子节事活动之间不是严格科层模式，而是较为松散的扁平化管理。这种管理模式给予了子节事主管或负责人更多的发挥空间，和其倡导多元化的定位理念一致。日常关于节事策划、执行、营销及观众票务等方面的行政工作由执行小组直接和子节事负责人沟通，没有冗余的行政申请、审批等步骤，提升了整个节事的活动效率。当面临诸如和其他机构的拓展合作、品牌整体推广及整体协调事宜时，则有董事会决议讨论。

以爱丁堡国际艺术节为例，爱丁堡国际艺术节是由爱丁堡社团（The Edinburgh Society）负责营运，爱丁堡社团属于非营利组织，受到爱丁堡节委员会的监督，一共有21名成员，其中7名由爱丁堡市政府指派，市长兼任会议主席，11名为爱丁堡社团成员，3名由苏格兰艺术委员会指派，1名由爱丁堡贸易局指派。爱丁堡国际艺术节的艺术与行政总监由爱丁堡节委员会指派，主要工作是负责爱丁堡国际艺术节每年的节目规划与执行，以及财务与行政事务。

艺术与行政总监可以雇佣其执行小组，但其成员必须经过爱丁堡节委员会同意，小组成员分为全职人员及艺术节期间的临时人员。[4]其他子节事活动的组织机构也是相类似，艺穗节也是由艺穗节社团（The Fringe Society）非营利组织负责运营。

（四）资金筹措渠道稳定多元

在演出节事资金来源方面，爱丁堡节委员会和爱丁堡市政府、苏格兰创意委员会、苏格兰节事委员会、艺术再扶持机构（Missions Models Money）、苏格兰政府企业以及发展基金会有着良好的合作和互动。同时，还接受了诸如英格兰艺术委员会、观众事务中心、BBC苏格兰、英国文化协会、苏格兰商会、爱丁堡营销联盟、爱丁堡大学信息学院、朱丽自行车（Julie's Bicycle非营利机构）及爱丁堡电车公司的协助及实物支持。为了解决在资金筹措、环境问题和内容创意方面的问题，委员会还特意聘用了相关的特殊专家寻求协助。近年来在《爱丁堡城市节事战略》、《爱丁堡主要城市经济影响评估》及《迅雷之蹄报告》（Thundering Hooves Report）等重要研究报告的影响下，演出艺术节委员会意识到若想维持当前的领先地位必须在战略定位规划、市场创新营销、项目内容创新和基础设施建设上面继续发力。

正如莫米瑞（Mermiri）和蒂娜（Tina）所述，"艺术与商业之间的互动，意味着文化艺术组织的收入构成目标更倾向于三角形的状态：较少的公共资金、较多的私人资金以及更多的自营收入，这样才能保证组织的经济状况更为稳定持续。"[5]爱丁堡节委员会在资金运作管理方面一直努力扩大自营收入，降低政府公共资金的依赖，其资金筹措的主要渠道包括自营收入、公共资金、私人资金以及其他来源。

---

4 姚蕙玲：《爱丁堡国际艺术节与爱丁堡艺穗节访问报告》，1996年。
5 Mermiri, Tina. 'Private investment in culture: the arts in and post recession', Presentation for Arts and Business, 2010年，第12页。

（五）兼顾艺术和商业的模式

无论是热爱先锋艺术的爱好者、寻求利润的商家，还是度假休闲的旅游者，爱丁堡节都可以成为他们共同的舞台。爱丁堡节不是简单地"文化搭台、经济唱戏"的商业模式，其所包含的国际文艺表演、苏格兰地方文化及城市旅游融合为一体，即使最为简化的消费也无法避免这些内容。

演出节事期间所呈现的内容并没有局限在传统苏格兰文化的范畴内，而是更倾向于混合现代艺术的基调。英国桑德兰大学理查德德·普伦蒂斯（Richard Prentice）教授和玛格丽特皇后大学费雯·安德森（Vivien Andersen）在《创意性的节事》一文中分析并总结出爱丁堡艺术节的消费模式。在他们所解构的消费模式中，观众在爱丁堡节的消费需求主要由历史文化、苏格兰表演艺术和国际表演艺术三部分组成。这三种消费方式逐渐不断融合重叠，使得消费者不仅出现了地理边界上的扩张，更重要地使演出节事属性从最早单纯性的地方表演艺术节逐渐蜕变为多艺术种类、多消费方式的国际性演出节事。

二、相关国内外新型节事活动案例

（一）伦敦"大舞汇"街头舞蹈盛典（the big street dance day）

活动横贯全英国的"街头舞蹈盛典"定于2012年7月14日星期六举行。此次活动希望鼓励尽可能多的组织提供公共空地（街道、广场、公园、运动场等），为普通大众提供尽可能多的机会共同舞蹈。

图2 2010年活动现场

活动的主要目的是借这次机会联系奥运会的过往-现在-未来并且创造一个独特的大型舞蹈盛典将伦敦与北京和里约热内卢衔接。

舞蹈盛典是一个持续9天（2012年7月7日-15日）并且遍及全英各个独特场地的终极舞蹈体验。

舞蹈盛典是英国遗产信托的项目由伦敦市长与英格兰艺术理事会、社群舞蹈基金会和舞蹈盛典中心网络（Big Dance Hub Network）领导运营。

它始于2006年，是两年一次的关于舞蹈的全世界最大盛典。

预计有500万人参与活动，其中180万人来自伦敦，其他则来自英国各地。

在伦敦的5个舞蹈盛典活动中心和社区舞蹈基金会与各地舞蹈盛典活动中心及其来自9个英语地区、苏格兰、威尔士、北爱尔兰的合作伙伴一道共同举办此活动。

100余个当地舞蹈组织在积极筹备并将加入舞蹈盛典中心网络。

为了打破世界纪录，英国文化协会和舞蹈盛典在2012年5月18日会进行一个倒计时活动，并且开始舞蹈盛典追踪火炬传递的庆祝活动。

舞蹈盛典活动周为2012年7月7日-15日，它是2012伦敦盛典的一部分。

韦恩·麦格雷戈先生作为创意总监将与数百位编舞指导一起为特拉法加广场的活动编排一个大型的令人惊叹的舞蹈作品。

该作品将在2012年7月14日演出，超过2000名参与者都是来自英国前卫舞团、英国国家芭蕾舞团和其他英国职业学校的专业舞者。

该项目的目的不仅是组织2000多人一起舞蹈更重要的是帮助他们设计并编排属于自己舞蹈艺术框架的作品。2012舞蹈盛典的焦点在于从始至终让参与者自己编排和创造作品来表达自我。这些团队被鼓励去探索、创造发明新的模式，比如：以平等身份的编舞，青

年或学生与专业人士一起编排舞蹈、社区舞蹈编排人员为学生团队编排等。这打破了以前等级严格的传统。

英国前卫舞团同样欢迎尽可能多的不同舞蹈风格的团体，比如萨尔萨舞、舞厅舞蹈、宝莱坞歌舞、街舞等，能够参与到作品的具体设计和创意工作中来。每一个中心将会招募或者成立5-10个年龄风格不同的团队来执行工作，比如：青年组、院校组、成年组等。

人们有机会能够参与其中，即参加在特拉法加广场举行的相关研讨会，参与晚会的编排和创意。

近年来，舞蹈渐渐的解开了神秘的面纱。国外通过对专业训练者精心筹划的社区舞蹈实践的调查，见证了很多社会活动领域参与度的大量增加。

社区舞蹈和其他艺术形式一样，在社会当中发挥着它独特的社会作用。以英国为例，社区舞蹈运动在英国一直非常活跃，为社区和个人组织和提供了很多舞蹈项目。但是真正使个人积极参与其中的动因是1997年政府对艺术资助政策的转变。社会学家萨拉首先强调了政治和社会背景是艺术项目的基本，然后再考虑什么是社会政策许可的。

两百年以前，在个人和社区已经有部分道德规范在有关于艺术的价值观和看法方面被转换了，浪漫的艺术家培育的是超越艺术的概念，艺术家是解开一切奥秘的导管，而心灵的解药却是被社会的狭窄和结构所闷死的。带着这种浪漫的残余，19世纪的文学评论家马修和一位英国学者理查都声称艺术会给这个混乱和怀疑的世界一个积极的价值观和意义。阿诺就这个想法进一步指出，艺术将会取代宗教成为了解世界和治疗心灵创伤的主要手段，在第一次世界大战之后他继续进行他的写作事业，他写了一首叫做"拯救我们"的诗歌。在他看来，艺术可以拯救我们堕落的道德观。

（二）北京国际青年戏剧节[6]

北京国际青年戏剧节始创于2008年，由北京市文联主办，以培养青年戏剧创作人才、推出优秀青年戏剧作品、为青年戏剧人才搭建展示平台为宗旨，以推动中国戏剧繁荣发展、促进国际青年戏剧文化交流为己任，以再创当代中国戏剧新百年辉煌为目标。艺术总监是当前中国剧坛最具影响力的著名戏剧导演孟京辉。

自2008年至今，北京国际青年戏剧节涌现了大批优秀青年戏剧人才，并同时推出大量优秀原创戏剧作品。2008年，首届青戏节推出11位新锐戏剧导演，演出了10部原创戏剧作品，并推出了6部剧本朗读作品。同时举办了戏剧音乐会、戏剧大篷、戏剧论坛等一系列相关戏剧活动。

2009年，第二届青戏节推出了22位优秀青年戏剧导演的21部原创优秀戏剧作品，并推出了8部剧本朗读作品。同时举办了戏剧音乐会、首演之夜、视觉引导戏剧舞美展、戏剧高峰论坛等一系列相关戏剧活动。

2010年，北京国际青年戏剧节推出的作品内容囊括了实验戏剧、肢体剧场、舞蹈剧场、多媒体戏剧、音乐剧、音乐剧场、现实主义戏剧、实验戏曲、小剧场京剧等多品种多系列的青年戏剧作品演出，演出作品总数达到35部，演出场次达103场，另有10部剧本朗读作品演出。

2011年，主题为"世界你好"，推出了"新作首演""再度关注""实验戏曲""阿维尼翁的味道"等共十个单元，演出作品共57部，来自全世界12个国家和地区，真正展现了戏剧节的国际性。

2012年，2012第五届北京国际青年戏剧节，于2012年9月3日至30日期间，在北京的12个剧场和表演艺术空间轮番上演。这也是青戏节举办5年以来，规模最大、数量最多的一次，共有60多部剧

6 本章节参考书籍《2012.9.3—9.30北京国际青年戏剧节》。

建造世界精品殿堂

目上演，分新作首演单元(18部)、精品再现单元(4部)、国际荟萃单元(12部)、阿维尼翁单元(5部)、港台佳作单元(5部)、致敬大师——斯特林堡作品单元(5部)、戏曲单元(2部)、创新单元(12部)。其中创新单元又包括了独角戏、微戏剧狂想曲和镜中世界3个子单元。

2013年，第六届北京青年戏剧节于9月3日至29日举行，青戏节艺术总监孟京辉介绍，将有59部作品亮相北京12个剧场和艺术空间，包括29部国内演出作品、12部国外演出作品，以及18台剧本朗读表演。不过，往年备受关注的台湾剧目，本届缺席。

北京国际青年戏剧节将为更多优秀青年戏剧人才创造良好的创作环境，国际化的创作及展示平台，与国际艺术节组织加强互动性合作，并与更多致力于支持优秀青年戏剧发展的演出策划运营机构加强联系，使北京国际青年戏剧节成为世界戏剧青年人才交流、沟通、合作的盛会。

(三) 乌镇戏剧节[7]

乌镇戏剧节由文化乌镇股份有限公司总裁陈向宏、华语戏剧界极具影响力的赖声川、黄磊、孟京辉共同发起，由文化乌镇股份有限公司主办，木心艺术基金会协办。以拥有1300年历史的乌镇为舞台，上演世界级精品剧目以及年轻戏剧人的原创作品。透过戏剧与生活、小镇与大师的相互融合与碰撞，共邀全球戏剧爱好者和生活梦想家来到美丽的乌镇体验心灵的狂欢。

乌镇具有深厚的文化底蕴和独特的自然景观，完备的演出和接待能力为乌镇举办戏剧节提供了设施支持，国内外戏剧大师和艺术界、文化界人士垂青乌镇并非偶然。通过戏剧节，让小镇凝聚更多国际级大师们的气场，乌镇戏剧节将为这个千年古镇带来充满生机的未来。

---

7 参考百度百科名片信息：http://baike.baidu.com/link?url=oHiBOcvxiAQsj21C
b40yKc8aW_Gd45iicZD4HdQlsWle6jWV7HSGGPwTyL_lGxNKlcKHk4MCacs—Ugzy56U6ra。

乌镇戏剧节由"国际邀请""青年竞演""古镇嘉年华"三个单元构成。

国际邀请：包含中外大师六场视觉盛宴。邀请国内外著名的戏剧大师及其代表剧目，让戏剧爱好者欣赏一流的戏剧表演艺术。

青年竞演：为推动青年原创戏剧的发展，扶持青年舞台戏剧人才，并为热爱戏剧有潜力、有梦想的青年创作者提供一个展示自我才华的平台，让青年创作者有机会向戏剧大师学习交流，乌镇戏剧节特设了青年竞演单元向戏剧爱好者公开征集候选剧目。它们代表着本次乌镇戏剧节的新兴戏剧力量，将在戏剧节期间进行群众公演。单元特设最佳戏剧奖以及最佳个人表现奖，并设立丰厚奖金，对青年戏剧人予以支持。其中，最佳戏剧奖奖金为20万元，最佳个人表现奖奖金为6万元。

古镇嘉年华：为了让每位参与乌镇戏剧节的游客感受到戏剧的魅力，融入如幻如戏的乌镇戏剧大舞台，精心准备了古镇嘉年华盛会。戏剧节期间，来自五大洲超过120组艺术表演团体以乌镇西栅的木屋、石桥、巷陌甚至乌篷船为舞台，献上超过500场精彩演出。不必跨洋过海便可尽情欣赏世界街头戏剧、现代表演艺术、音乐汇演、曲艺杂耍等。这是小镇的狂欢，艺术与观众近距离接触，成就本届乌镇戏剧节的另一个高潮。

发挥优秀传统文化怡情养志、涵育文明的重要作用。中华优秀传统文化积淀着中华民族最深沉的精神追求，包含着中华民族最根本的精神基因，代表着中华民族独特的精神标识，是中华民族生生不息、发展壮大的丰厚滋养。建设优秀传统文化传承体系，加大文物和非物质文化遗产保护力度，加强对优秀传统文化思想价值的挖掘，梳理和萃取中华文化中的思想精华，作出通俗易懂的当代表达，赋予新的时代内涵，使之与中国特色社会主义相适应，让优秀传统文化在新的时代条件下不断发扬光大。重视民族传统节日的思

建造世界精品殿堂

想熏陶和文化教育功能，丰富民族传统节日的文化内涵，开展优秀传统文化教育普及活动，培育特色鲜明、气氛浓郁的节日文化。增加国民教育中优秀传统文化课程内容，分阶段有序推进学校优秀传统文化教育。开展移风易俗，创新民俗文化样式，形成与历史文化传统相承接、与时代发展相一致的新民俗。